青い目の人形　メリーの旅

西村　恭子

◎目次

人形たちが繋いだ絆

人形を受け取られる方へ

シドニー・ギューリック

お嬢さん
この人形は「友情の人形」といって、お友達になるためのお使いでございます。米国にある「世界児童親善会」という団体を代表して、人形は貴女やご家族や多くの皆さまを喜ばせるために日本に参ります。

長い航海を終え、美しい日本の国に着きました時は、眼をあけ「ママー」と話し、貴女が見せて下さる色々な珍しいものを喜んで眺めることでしょう。三月の「お節句」も、きっと参加したいと言うでしょう。

日本の「雛祭り」のことを知った多くの米国人は、老人から子どもまで、大そう貴女の国のことに興味を持ちました。

そして、個人や団体を含んだ人々が、このような人形を買い求め、思いを込めて洋服を作り、集まった人形は、一万個以上になりました。

これらの人形を贈り、私たちがどれほど日本の子供たちの健康と、幸福と、成長を心から祈っているかを、皆さまにお伝えしたく思います。

いよいよ（人形を）日本に送る日が近づきますと、米国の多くの町で、人形を贈る送別会が数えきれないほど開かれましたが、その会がどれほど盛大で素晴らしかったか、何度お目にかけたいと思ったかしれません。

私は永い間（貴女の）お国に居りましたから、日本の習慣として、人から品物を頂きますと、その親切に応えるため、お礼を差上げる（風習がある）ことを知っております。ですから、この人形を貰ったら返礼をしなければときっと思われるでしょうが、決して、決して、その心配はいりません。

その代わり、米国の子どもたちが喜ぶ物をお知らせします。それは、貴女たちからお手紙が届くことです。英語でも日本語でもかまいません。日本文は訳せる者が米国には沢山おります。

その手紙を、もし日本の美しい巻紙や絵のついた紙などで書いて下さると、なお喜びます。桜や菊や風物などの絵ハガキ、特に貴女の学校や、家庭の様子などは大歓迎されるでしょう。

人形を送った子どもたちは、日本からの手紙を楽しみに待っていることを、どうか忘れないでいて下さい。

万一、人形につけてある差出人の姓名、番地が途中で無くなっていたら、人形の「旅行免状」の番号を書いて、私まで手紙を出して下さい。こちらでよくしらべ、必ず正しい受取人に届けます。

この人形が貴女やご兄弟、お友達の間で、可愛がられ喜ばれますよう願っております。

そして、日本と米国がいつまでも本当に仲の良い友達でありますよう、私はずっと希望しております。

左に私の住所、姓名を英語で記入しておきます。

では、ごきげんよう。

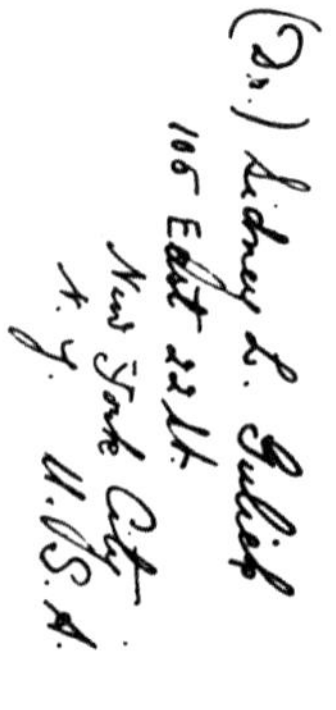

(Dr.) Sidney L.Guliek
105　East 22 ST.
New York City.
N.Y.　U.S.A.

＊この文章は本文を損なうことのないよう注意し、現代の用語に置き換えました。

太平洋を渡った友情の人形たち

人形、神戸港に到着！

サンフランシスコの港を出た船は、神戸沖で数日間停泊した後、一九二七年（昭和二年）三月一日、港に着岸した。船にはシドニー・ルイス・ギューリック博士が提唱し、アメリカの市民二七〇万人を動かした友情人形（通称・青い目の人形）が乗っていた。

雛祭りの歓迎式典

新聞記事が、その模様を伝えている。

昭和二年三月二日付の大阪朝日新聞神戸版には「お人形様が着きました」と、二枚の写真と共に様子が載る。

それによると、一日午前十時、清風、雲中、兵庫北部、末正、須磨太子の各幼稚園児たちが日米の小旗を持って県庁裏に集合。県・市の役人と一緒に車で突堤に向かい、県内に届けられた人形が入った四箱を迎えに行った。

一部、港で箱が開けられたのか、万歳が上がったとある。人形を積み込んだ車は、県と市の車が挟み、残りの車に園児を乗せ、総領事が待つアメリカ領事館に立ち寄った。

その後、人形の歓迎会会場となる兵庫県立第一神戸高等女学校（現県立神戸高等学校）に一箱を降ろし、残り三箱は三越分店に運んだとある。

日本の雛祭りに間に合うよう船便で届いたアメリカの人形を迎え、三月三日、日本各地で歓迎会が開かれた。

県内でも、知事や市長、米国領事などの関係者と、神戸市内の各学校から生徒代表十人が参加。会場は千人以上の人であふれたと、三日、四日の両日にわたり神戸新聞が伝えている。

アメリカ生れのお人形さんを
お客様にけふ歓迎会
　午後二時から県立高女でひらかれて
日本と米国のコドモ達が歓迎歌合唱
お雛まつりのこの日

（三月三日付）

可愛い、幼稚園児が
「ようこそお人形さん」
　生きた米国のお人形さんのお答へ
歓迎歌にみなぎる日本親善の彩り
神戸のお人形歓迎會

（三月四日付）

そして「人形が各地の幼稚園や小学校に届けられる前に、元町三越分店六階で六日から三日間、一般の人たちのために陳列され、米国の小さな子供たちの美しい誠心が伝えられる」と、書かれてあった。

同日掲載の大阪朝日神戸版には、アメリカの人形が持参した手紙「日本の小さな皆さん方、お互いに大きくなっても仲よくしましょうね。マサチュセットのタウ會より」と、人形を送った女学生の写真も紹介されていた。

人形の配分先、決まる

三月六日、大阪朝日神戸版には「お人形さんの分配数　三日間三越で一般にみせる」と、小さな記事で載った。

一般公開を終えた翌日、各郡市に分配されるその方法は本省の指定に準拠して行うと、決定した数が載る。

神戸市九十△姫路市十三△尼崎市五△明石市四△西宮市五△武庫三十五△川邊八△有馬四△明石六△美嚢四△加東七△多可五△加西十△印南六△飾磨七△神崎五△揖保七△赤穂八△佐用三△城崎十△宍粟六△出石五△養父五△朝来五△美方六△氷上九△多紀四△津名十四△三原七△付属小学四△合計三百十八

紙面での人形数を合計すると三〇七体で、記載の合計数と合わない。兵庫県に贈られる人形の総数は公式には三七三体とされており、それでも六六体少ない。

資料を調べていく過程で、香川県、長崎県には二度、三度、人形が届いた記録があるが、兵庫県に二便が届いたという記録は見つけられなかった。その一方で、人形を配布する際、破損の備えとして数体を残したという記録もある。県内はそれに準じたかもしれない。その後、残った人形は関係者に配られたという。

三月七日、神戸新聞は三越分店の一般公開初日の様子を大きく伝えていた。

お化粧箱まで御持参の
お洒落なお人形さん
　みんな旅券とお手紙をポケットに
お人形展覧会の第一日

記事には、六万人もの人が訪れ、三越開店以来の人出となったとある。入場制限をしたことや、人形に触る子供に注意が必要だったこと、人形の贈り主からの手紙の和訳文が数点掲げてあったなどに加え、閉館間際まで混乱が続いたことが書かれてあった。

ギューリックの「友情人形計画」

時代を、少し巻き戻す。

人形が日本各地に迎えられる道のりの発端はそこから始まっている。

一八六八年（明治元年）、日本から初めてアメリカへ移民として入った人たちがいた。

ハワイ州で移民となり、厳しい環境に耐えながら働き、やがて、より高い賃金を求め日本から移民した人々は、アメリカ西海岸に入って行った。

そこには嵐が待ち受けていた。

日本移民の排斥運動起きる

過酷な労働は変わらなかったが、その中でも土地を買い、現地人を雇うなど、力をつける日本人たちが出て来た。

当時、深刻な経済不況の中にあったアメリカでは、結果として白人の職を脅かすことになり、そこに移民への反感、人種偏見が重なると、デモや差別が吹き上がるように起きた。

この世論の高まりは次第に政策に影響を与え、カリフォルニア州議会は、市民権獲得資格の無い外国人、アジア人、主に日系人をターゲットにした「外国人土地所有禁止法」を一九一三年（大正二年）に制定。

そこに〝黄色い肌の人種は禍の元〟とする「黄禍論」まで流布したことから、一二四年（大正一三年）、排日条項を含んだ「新移民法」を連邦議会が可決。大統領が署名した。

この最も過酷な法律によって、日本からの移民はアメリカから締め出され、全面的に認められなくなった。

もう一つの要因とされるのは、第一次世界大戦（一九一四〜一九一八）以降、勢いづく日本を危惧する欧米の世論の高まりが、アメリカに渡った立場の弱い日本人移民たちに向けられ、ターゲットになったともいわれている。

宣教師ギューリックの苦悩

「外国人土地所有禁止法」が議会を通過した年に、日本からアメリカに帰国した宣教師がいた。日本での布教歴二五年になる親日家シドニー・ルイス・ギューリック（一八六〇〜一九四五）博士。病気療養のための帰国だったが、排日運動を目にしたギューリックは、カリフォルニアに留まり、排日の状況を調査し、論文を書き、日本擁護論を各方面に展開している。サンフランシスコでは、新聞社や排日論者と激しく論争。「差別は公正に反し、危険である」とも語った。

アメリカ側からも日本通として知られるギューリックだったが、二四〇〇万のメンバーを持つ「プロテスタント米国キリスト教会」のスポークスマンでもあった博士は、ウィルソン大統領とも会見。「日米友好」を説き、日本移民を差別しない平等な移民法案を提案している。

日本人のことを「礼儀正しく、懸命に働く人々」と評し、アメリカ人が持つ日本人の生活習慣への偏見を、機会をとらえて正そうともした。

その一方で、日本に向けては「移民の質を上げること。中等教育を受けた者を学生や移住者として送れば、アメリカへの同化も容易になる」と、伝えて来ている。

しかし「新移民法」が通った反動は、日本国内でも反米感情を高めることに繋がっていった。

草の根の人形計画

両国関係が重苦しくなる中、日本を深く理解し、教育者でもあるギューリックは、「子どもには本来、偏見も差別もない」と、やがて大人になる子どもたちが互い

シドニー・ルイス・ギューリック

シドニー・L・ギューリックは、親族の多くが宣教師という家系の長男として、一八六〇年、マーシャル諸島エイボンに生まれている。

父母とハワイ、ヨーロッパを布教のため転々とした後、アメリカに戻りカリフォルニア大学からダートマス・カレッジに転校、天文学を学び卒業。ユニオン神学校に進み、初来日は一八八七年(明治二〇年)一月、叔父オラメル・ヒンクリー・ギューリック、叔母ジュリアが居た熊本に入った。九四年(明治二七年)に大阪、翌年松山に移り、伝道と著作に励む。一九〇六年(明治三九年)、京都同志社に教授として招かれ、京都帝大や大阪の梅花女学校でも講義している。哲学、科学の他「進化論」なども教えた。

日本の文化や歴史、哲学、宗教などに理解が深

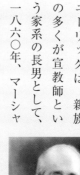

を理解する手立てとなる物を介し、友情と平和を希求する心を育てたいと考えるようになった。

一九二六年（大正一五年）、ギューリックは「世界児童親善会」を組織。日本に「友情と平和」を願う人形を贈る「友情人形計画」を立案。その趣旨と意味、方法を冊子にして全米に配っている。

日本に贈る人形の条件は、身長四五センチ、アメリカ国内にある家庭用コンポジション・ドール。寝かせば目を閉じ、起こせば「ママー」と泣くボイスドールであること。

これに応えたのは、全米の公私立学校、教会、日曜学校、ボーイスカウト、ガールスカウト、キャンプファイヤーガールズ、PTA連合会、婦人クラブ、YWCAなど、二七〇万人に上ると伝わる。

く、穏やかな人柄と深い学識により、日本国内にも分野を超えた多くの友人を得ていた。

一九一三年（大正二年）、病気治療のため帰国。その船上から親交のあった渋沢栄一に宛てた手紙で「日本とアメリカの平和のために生涯を捧げる」と伝えている。そしてアメリカ西海岸で起きた日本移民の排斥運動を知ると、移民法制定に反対する運動を開始。「私はいま、日本から派遣されて働いている宣教師だ」と書いている。

反対し続けていた移民法が通過した二年後の二六年（大正一五年）、渋沢栄一を通じ「日米友情人形交流」を実施した。

三四年（昭和九年）に引退後はハワイに住み、東洋思想の研究をしていたが、晩年はアイダホ州に移り、太平洋戦争の終結を見届けるように四五年一二月、八六歳で永眠。

ギューリックの墓は、故郷マサチューセッツ州スプリングフィールドと、没したアイダホ州ボイジー、海外では唯一、神戸市立外国人墓地にある。

人形本体は男子が音楽会やバザーなどを開いて集めた資金で賄い、一体三ドルの人形に女子や父兄が着替えの衣服を手作り。それぞれの人形に名前を付け、日用品や送り主の手紙、パスポートやビザを旅行カバンに入れて持たせた。中には家庭にある規格外の人形を寄贈した人々もあった。

日本の文化や風習を良く知るギューリックは、この人形を、三月の「雛祭り」に合わせて送ることを決めていた。

全米から寄せられた人形たちは、ミシシッピ以東の地区はニューヨーク港へ、以西地区はサンフランシスコ港へ集められ、船会社は親善の意味に賛同し「友情人形使節」を乗客として扱うことを決め、人形たちに片道の「特別乗船切符」を発行した。

一万二七三九体の人形

一九二七年（昭和二年）一月四日、一六七体の人形と共にサンフランシスコ港を出たサイベリア号は、一七日に横浜港に到着した。

日本に贈られた人形の窓口になったのは、ギューリックと数十年来の知人であり、日米間改善のため共に働いてきた実業家渋沢栄一（一八四〇〜一九三一）。

三月三日、日本青年館で行われた「人形歓迎式典」は、雛人形が飾られた中で、盛大に行なわれている。

以降、神戸港に入った船も含め、人形を運んだ船は一一隻。送られて来た人形の総数は

日本青年館で行われた「人形歓迎式典」(1927年3月3日)
左には雛人形が、右にはアメリカから贈られた人形たちが並ぶ

兵庫県内に残る贈呈式の貴重な写真。贈られた人形にパスポートが掛けられている(朝来町〈現朝来市〉生野小学校)

一万二七三九体に及ぶ。その中で全国に配られた人形は一万一九七三体。当時、日本の統治下にあった台湾、樺太、関東州、朝鮮には合計三二九体、あるいは三三一体が配られたとされるが、一方で、外務省分として一二二体の記録も残る。破損の予備に取り置かれたとされる残りの人形も、後に、関係者に配られたという記載があった。

渋沢の要請を受けた文部省は、この人形を各県の学校数に応じて配布。受け取った全国の学校には、「アメリカ人形を歓迎する遊戯会」など、歓迎した記録が多く残る。

渋沢栄一が応えた「答礼人形」

ギューリックが「世界児童親善会」を設立した翌年の二月一九日、渋沢も「日本国際児童親善会」を設立。人形計画の窓口になっている。

一銭の寄付と人形計画

ギューリックからは「礼状だけで十分。返礼の心配は平に無用」と、書き送られていたが、渋沢たち関係者は、アメリカの子どもたちのクリスマスに合わせ、礼を尽くし「答礼人形」を送る計画を「親善会」で協議している。

ギューリックの手法に習い「答礼の使者として、米国へ人形を送りましょう」と、冊子を全国に送り、人形を受け取った学校の女子生徒から一銭ずつの寄付を募った。その数は二五〇万人とも伝わる。

アメリカに五八体の日本人形を贈ることが決まると、人形は「東京人形卸商組合」に発注された。身長八二センチの大型人形の原型を、人形師滝沢光龍斎が桐のオガ屑を生フノリで練り上げ、彫塑した。これを人形師十一人が百体余りを仕上げ、その中から、四七都道府県と当時日本の統治下にあった台湾、関東州、朝鮮、樺太からの使者も含め、コンベンション（会議）方式で五一体を選んだ。

　残りの七体は、東京市、京都市、横浜市、名古屋市、大阪市、神戸市の六大都市の人形と、代表人形「ミス大日本・倭《やまと》日出子」を、京都の「丸平大木人形店」が桐の一木彫りで制作。人形師たちが競い合い、渾身で制作した人形五八体は、こうしてアメリカ各州に贈られることになった。

答礼人形は美術品

　五、六歳児用の晴れ着を使用することが決まった人形の着物は友禅縮緬の振袖、帯は本金の丸帯、正装に付ける五つ紋は「横浜濱子」「宮城睦子」「長野絹子」など、各県の呼称にゆかりの紋が付けられた。
　人形と共に持参する箪笥、長持、鏡台、草履などの道具類は、三越など五大百貨店に発注され、人形と道具を含めた代金は

渋沢栄一

　渋沢栄一は一八四〇年（天保一一年）、現在の埼玉県深谷市の豪農の家に生まれた。稼業を助けて働いた少年時代から江戸遊学を経て、尊王攘夷派に加わり挫折。一橋家に士官して、徳川慶喜に私淑した。

　六七年（慶応三年）、パリ万博に将軍慶喜の名代として列席する徳川昭武の随員として渡欧。二年ほどの滞欧中にヨーロッパの産業、金融、文化などの社会システムを学び、転機となった。
　帰国後、株式会社の原型となった「商法会所」を日本で初めて組織したが、一時期明治政府の大蔵省にも身を置いている。
　七三年（明治六年）、実業の世界へ。我が国初、

五百円（小さな家が買えたと伝わる）に達し、「答礼人形」は、そのどれもが、一級の美術品に仕上がっていた。

この取り組みをきっかけに、帝国美術展に人形部門が設置され、第一回入選を果たした平田郷陽（二代）ら三名は、後に人間国宝になっている。

出発の日が迫る中、統治下以外の人形たちのみ、各道府県で送別会を開催。一一月四日、全ての人形を並べ「日本青年館」で送別会が開かれた。旅立ちのために「この日の国より星の国へ…」と「人形を送る歌」が歌われている。

一一月一〇日、五八体の「答礼人形」を乗せた天洋丸は、横浜港からサンフランシスコに向かったが、出港の銅鑼が鳴っても、人形との別れを惜しむ人形師たちは、中々下船しなかったという話が残る。

私立「第一国立銀行」を創設。以後、渋沢が関わり、興し、育てた会社は五百社余り。東京証券取引所、東京商工会議所なども設立。

「論語と算盤」と称したその経営理念は、経済活動で得た利益を社会に還元していくことであり、渋沢が関わった非営利の社会福祉、教育などの公共社会事業は、彼が関係した企業を上回る。

その渋沢が晩年、力を注いだのが民間による経済外交。日米関係、特にアメリカ西部の移民排斥運動を憂慮。一九一六年（大正五年）、民間経済人による日米関係委員会を設立。アメリカ側パートナーの一人がシドニー・ルイス・ギューリックだった。

ギューリックの語る「日米友情人形交流」は、子どもたちに日米関係の改善と、世界の平和と友情の夢が託されており、この時八六歳の渋沢が日本側の窓口になった。その四年後の三一年（昭和六年）、渋沢は九一歳で永眠している。

日米の国旗のもとに勢ぞろいした「答礼人形」の送別会。中央に立っているのが渋沢栄一（1927年11月4日、日本青年館）

答礼人形の出港風景（1927年11月10日）

58体の答礼人形をアメリカに届けた天洋丸

この答礼人形も、それぞれの道具類、妹人形らと共に、パスポート、手紙、乗客として扱う一等の乗船切符などを持参している。

「日の国より星の国へ」答礼人形が行く

アメリカに渡る人形に随行した文部省の関谷龍吉が一九三〇年（昭和五年）、「アメリカに行ったお人形の日記」（日本国際児童親善会刊）を書いている。

答礼人形たちが、アメリカでどのように受け入れられていったか、日記と共に追う。

金門学園の勢揃い

横浜港出発から十日後の一一月一九日、予定に無かったハワイに天洋丸は寄港した。「ミス大日本」だけが半日下船し、飾られたホノルル美術館には五千人もの日本人移民が詰めかけている。サンフランシスコには二五日に入港。ここから人形たちは、四八都市を回り、歓迎を受け続けることになる。

当時のサンフランシスコは、人口がおよそ七〇万人。日本移民はその中で四、五千人ほどだったというが、子どもたちが日本語を学ぶために作られた「金門学園」の講堂に、答礼人形五八体、全てが並べられた。

人形たちはこの後、二手に分かれてニューヨークに向かうため、人形が揃った唯一の場所がこの「金門学園」になる。

アメリカに渡る人形に随行した関谷龍吉が著した『お人形の日記』

サンフランシスコの金門学園講堂に勢揃いした答礼人形たち

三日間開かれた展覧会は、初日一万人を超える観客が詰めかけ、日系人千人余りも訪れ、故郷の人形を探し出し、ふるさと自慢をしては涙を浮かべたという。

そして、代表人形を含んだ十七体だけが各地を回り、残りの人形たちは船便でニューヨークに向かった。

五八体の「人形大使」

陸路を行くことになった人形たちは、最も日本人が多いロサンゼルスなどで大歓迎を受け、一二月一五日、シカゴに到着。ギューリック博士が人形たちを出迎えている。

シカゴは大阪のような商工業の盛んな町で、英語以外の言語が十数語あると、書かれていた。そこでも人形たちは午餐会や晩餐会、美術館での展示などの歓迎を受け、首都ワシントンに入ったのは二〇日。ユニオンステーションに着いた人形たちは、そこで日本大使館員やアメリカの関係者に出迎えられた。

当時のワシントンの人口は二〇万人。これまでの町とは違い、摩天楼もなく、町が非常に〝柔らかい〟と記される。

ホワイトハウスからポトマック川付近までの広い公園には、日本の東京市から贈られた桜の木が植えられていると、書かれてあった。

二七日、ニュー・ナショナルシアターで開かれた公式歓迎式典には三千人もの人が集まり、人形たちは、正式にアメリカ側に贈られている。

その時の松平駐米大使の述べた演説が記録に残る。

「人形たちを歓迎します。五八人の人形大使は、私を助け、私の出来ないことをきっと成し遂げてくれるでしょう」。

これに応えたアメリカ側のピーボディー夫人のスピーチも印象深く残る。

「この人形たちを、単なる人形ではなく、命あるものとしてアメリカに迎えたい」と。

それぞれの地に向かって

ワシントンからニューヨークまでの五時間は、ボルチモア・オハイオ鉄道にギューリックと関谷龍吉、五体の人形が、箱詰めではなく振袖姿で賓客として乗っていた。

途中ボルチモアでは、新聞社の要望で五体がプラットホームに並んで撮影。すぐに発車するという慌ただしい歓迎ぶりが描かれていた。

二八日、午後一時、ニューヨークに到着した人形たちは、市の賓客として護衛のオートバイに先導され、市長の出迎えを受けた。

市長の演説が載る。

「日本とアメリカとの人形交換の如きは、親善の上から非常に結構なことであり、全世界、各国間で行われるべき事だと信じる」。

すでに船便でニューヨークに着いているはずの四一体の人形が、大量の持ち物と共にパナマ経由でようやく到着。五八体が再び勢ぞろいした。

アメリカ各地で歓迎を受ける日本人形

ワシントンの日本大使館に飾られた「ミス大日本」（中央）を囲んで。左に松平駐米大使、右隣にギューリック博士、右端に立つのが関谷龍吉

一月五日、教会連盟、世界児童親善協会の午餐会にはロックフェラー夫人、ルーズベルト夫人、ギューリック博士、松平大使夫妻など、官界、財界から百五十人ほどが集まっている。

こうして、人形は二月二日、最後まで同行した文部省の佐々木豊次郎ら日本の付き添いの手を離れ「世界児童親善会」の手に移った。

以降七月まで、幾組かに分かれ、各地の歓迎会、晩餐会などに出向いた人形たちは、三体ずつ、十六組に分けられ、各々の荷物と共に、永住の地、博物館や子ども図書館、自然科学博物館など、各州に収蔵されるために出発した。

しかし、人形歓迎の最中には様々な混乱も起こった。台座から人形が取り外されたこと、人形と荷物の入れ替わり、取り違え、行方不明、人形の傷みなど、現在に至ってもまだ修正されていないものが多く残る。

人形も遭遇した戦禍と災害

二つの国の民間ボランティアによる壮大な「人形交流」だったが、三年後の一九三一年（昭和六年）に起きた満州事変から、四一年（昭和一六年）一二月八日、日本軍によるハワイ・真珠湾への奇襲攻撃によって太平洋戦争へと突き進んだ。

ギューリックと渋沢栄一が願った、国を越えた「友好と平和」の象徴だった日米の「友情人形」たちもまた、その苛烈な戦禍の渦に巻き込まれていく。

そして、人形の受難は戦いだけではなかった。全国に起きた予想だにしない震災や災害の被害も人形に及んでいる。

報道が伝える人形たちの戦争

一九二七年（昭和二年）に行われた人形交流は、これまでボランティア経験の殆どない日本では、人形の処遇を含め文部省に頼る国策事業になっていた。

そのため、時代が戦意高揚の流れに向かうと、国内の人形は影響を受け、戦禍に巻き込まれていくことに繋がった。

一九四三年（昭和一八年）、二月一九日付の毎日新聞（東京）には「仮面の親善大使―青い目をした人形、憎い敵だ許さんぞ」の記事が大きく載る。文部省国民教育局総務課長は、紙面で「（人形を）壊すなり、焼くなり、海へ捨てるなりすることには賛成である」と、コメントしていた。翌日、毎日新聞（大阪）は「児童は叫ぶ。叩き壊せ『青い目の人形』どうするか？試練に答えた敵愾心《てきがいしん》」と掲載。

軍部から人形処分の指令が出たと一部に伝わるが、伝聞や風潮への迎合もあり、はっきりした確認は出来ていない。しかし、戦死の公報が各地に届く中、「敵国人形」となった人形には、過酷な被害が及んでいく。

鳥取県には、廊下に吊るされ叩かれ、竹の棒で突かれ傷だらけになった人形が残る。

千葉県松戸市では、校長の命令で近所から集めた西洋人形を校庭に積み上げ、「鬼畜米英」に見立て、真剣で何度も突き刺し、焼いたという。こうした「人形憎し」の記録は各地に多く残る。

人形交流に尽力した文部省の関谷龍吉は、ラジオで女性アナウンサーが「人形は安物ばかり。子どもを騙すために送られてきた物。すぐに叩き壊すなり、焼き捨てるべき」と語る言葉に、涙が溢れたと「社会教育事始め」に書いている。

須弥壇《しゅみだん》に守られて

日本に届いた一万二七三九体の人形たちは、こうして日本全国で処刑のように処分されていったが、一方で秘かに守られた人形たちも少数だが残る。

福島県伊達市の友人、永野泉さんから私立「梁川中央保育園」に残る人形に会って来たと連絡が入った。

佛法山本覚寺が経営するこの園の和田信寿園長に連絡を取った。

「当時、伊達市には三体の人形があったが、処分するよう役所、あるいは軍、警察関係から連絡があり、他の二体の人形は引き渡されたと聞いている。でもうちは寺だから、須弥壇の下に空間があり、そこに人形を入れて隠した。受け取りに来た人には『もう処分した』と伝え、今も園にあります」と、語ってくれた。

人形の様々な資料を辿っている中、寺の初代住職だった和田信保さんの、当時の話が偶然見つかった。

資料には、初代園長の弟が特別高等警察署の署長をしていて、訪ねてきた弟から「人形処分」の話が出たが、園長は「人形をそんな目に合わせられない」と反対し、二人は激しく対立したとあった。人形を守る側と破棄を迫る側。当時、国内であった対立を思わせる。そして、梁川保育園の人形は須弥壇に守られ今も、保育園に残る。

後日、ケースに入った人形ネルソンの写真が資料写真と共に届いた。昭和二年一一月二三日の日付が読める「日米親善アメリカ人形歓迎會」の写真も送られてきた。

六年前に起きた大災害の時の避難の様子を伝える記録と、放射能、そこから起きる病気について記した書類も同封されてあった。

東日本大震災の津波に流された金庫の中から
救出された岩手県陸前高田市のヘンドレン

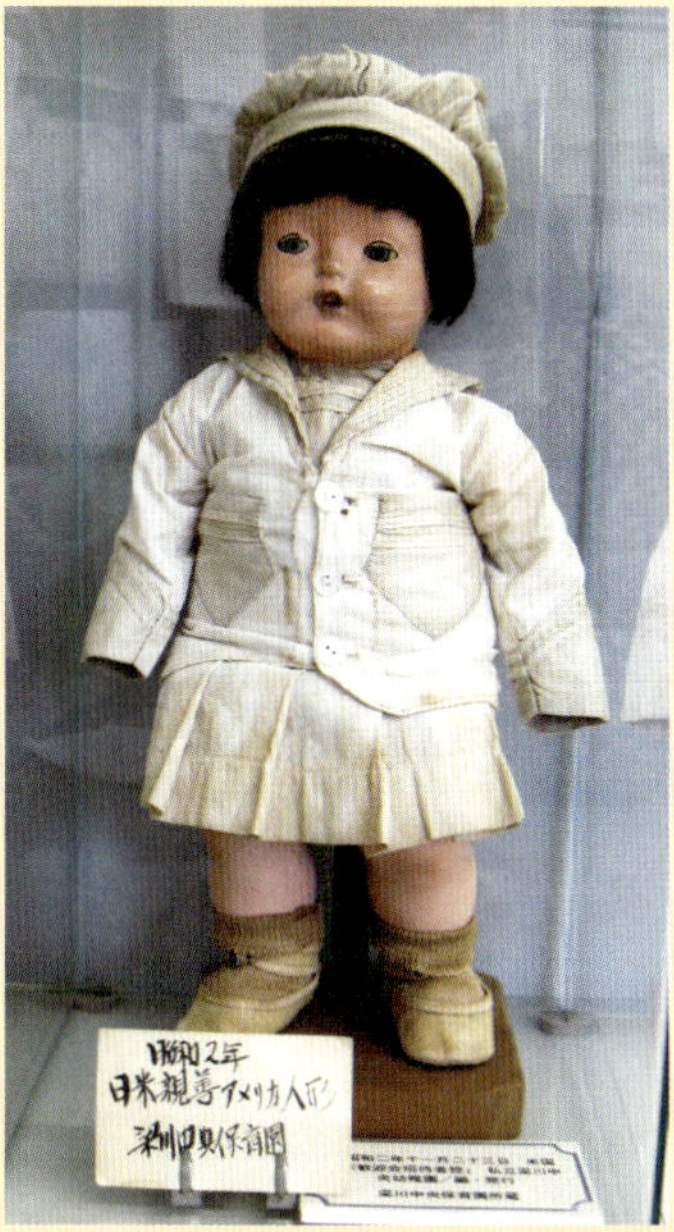

ノースカロライナ州に贈られ、戦争中も州立
自然科学博物館に展示され続けた「ミス香川」

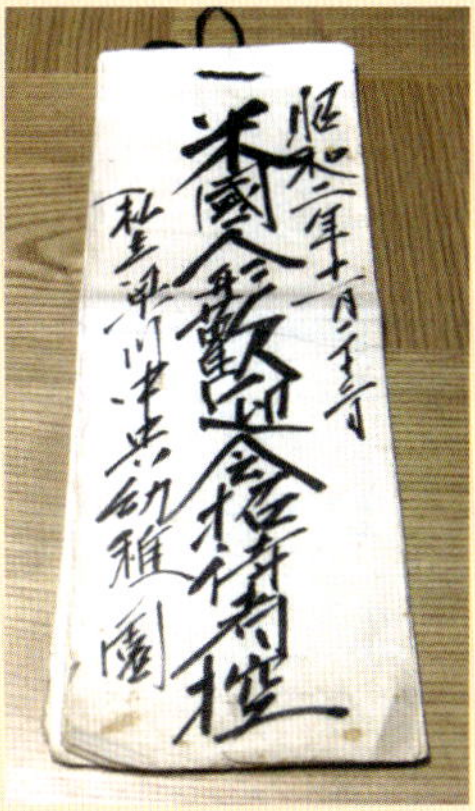

寺の須弥壇に隠され戦禍から
守られた福島県伊達市・梁川
中央幼稚園（当時）の人形ネ
ルソン

焼却も津波も越えて

陸前高田市立博物館から届いたのは、軍部の焼却命令をくぐり、東日本大震災の津波からも生還した人形「スマダニエル・ヘンドレン」の写真と資料。

添付された資料によるとヘンドレンは、かつて市立気仙小学校の教師だった女性が焼却命令を受け、とっさに学校の階段の上にある物置の奥に隠したという。

当時の気持ちを女性は、

〈非国民のそしり覚悟で戦時下にアメリカ人形抱きし日ありき〉

〈探したる人形抱きしかの一瞬　昭和二年の子らの瞳光き〉

と、短歌に詠んでいる。

近年は同小学校の金庫に保管されていたが、二〇一一年三月の震災で津波に流され、全壊した校舎の裏で発見された。金庫を重機でこじ開けると、土砂と海水にまみれた人形が出てきた。

ヘンドレンは、岩手県立博物館が補修し、二〇一七年一二月八日から三日間、「ミス岩手」の里帰りに合わせ、陸前高田コミュニティホールに展示されている。

「ミス香川」の勇気

アメリカに渡った「答礼人形」たちは、この戦禍をどう過ごしていただろう。

戦時中の詳細な資料は不明だが、少なくとも「敵国の人形」などと迫害を受け、壊された記録は殆ど残っていない。唯一戦時中の展示と思われる写真に、人形が後ろ向きに展示されたという記載はあった。

これ以外には、州の博物館などの倉庫や地下室に収蔵され、そのまま長く忘れ去られた人形が多く、年月と共に傷んだ人形として残っていた。

そんな中、ノースカロライナ州立自然科学博物館に贈られた「ミス香川」だけは、当時のデービス館長の意志によって、戦時中もずっと展示されている。

「私たちは日本の侵略には決然と対決する。しかし、日本人を全滅せよということではない。現在一般の日本人たちは一部の残忍な指導者に支配されているものの、今でも〈自ら生き、他も生かす〉の寛容の精神を持ち、平和と善意にみちて生きたいと思っている」

こう書かれたプレートが置かれていた。

戦いの時は過ぎ、答礼人形は、次々に各県に「里帰り」し、修復と歓迎を受けた多くの人形は再びアメリカに戻っている。現在、「答礼人形」は、四六体確認されアメリカに居る。

神戸市の壊滅と人形

戦争は人形にも及んだ。

神戸港に荷揚げされ各地に配られた三七三体の人形は、その殆どが残っていない。失った件数の最も多いのは神戸市。神戸市には九〇体もの人形が配られているが、現在確認されているのは五体だけ（一体は東京から来た人形）。

その大きな原因が神戸大空襲。神戸市文書館にある資料「米軍資料による神戸大空襲」によると、一九四二年（昭和一七年）、神戸中央市場付近を襲ったのを手始めに、一九四五年（昭和二〇年）二月には焼夷弾による無差別攻撃が兵庫区一帯、林田区、湊東区に投下された。三月には神戸市の西半分が壊滅し、五月には灘、東灘、六月には垂水から西宮まで、神戸市の大半が焦土になった。

被災家屋約一四万戸、総被災者五三万人、死者七五〇〇人、負傷者一万七〇〇〇人。

この炎で焼かれた校舎や園舎の中に人形も多くあったと思われる。

姫路市にも一三体が届いているが、今は一体のみ残る。焼け野原の市街に姫路城だけが建つ写真が当時を伝える。

大水害も未曽有の震災も県内を襲った。多くの人形も、この中で消えていった。

一九六五年（昭和四〇年）、日本移民をアメリカから完全に締め出し、人形交流の原因にもなった「新移民法」は廃止された。

それから八年後の三月一五日、ＮＨＫが戦禍を越えて残る人形があると報道。この放送によって、国内各地で密かに守られていた人形発見の報せが続き、全国で現在確認されている人形の数は三三七体になっている。

しかし、今も世界のどこかに戦闘はあり、未曽有の災害も襲う。

●「青い目の人形」(友情人形)の配布数と現存数

都道府県	配布数	現存数
北海道	643	25
青森	220	9
岩手	263	18
宮城	221	11
秋田	190	12
山形	205	11
福島	323	17
茨城	246	11
栃木	213	5
群馬	142	19
埼玉	178	12
千葉	214	11
東京	568	10
神奈川	166	12
新潟	398	12
富山	150	6
石川	205	3
福井	152	1
山梨	129	5
長野	286	28
静岡	253	6
愛知	349	10
岐阜	235	2
三重	194	8
滋賀	135	4
京都	262	8
大阪	429	5

都道府県	配布数	現存数
兵庫	373	11
奈良	144	4
和歌山	177	1
鳥取	107	2
島根	182	2
岡山	238	3
広島	326	5
山口	200	5
徳島	152	1
香川	102	1
愛媛	214	6
高知	187	1
福岡	259	3
佐賀	98	1
長崎	214	2
熊本	241	2
大分	182	5
宮崎	124	1
鹿児島	209	0
沖縄	63	0
外務本省	1212	
合計	11973	337

＊ほかに台湾98、樺太20、関東州10、朝鮮193、計321体を配布。

2018年現在。
渋沢資料館の資料をもとに作成。

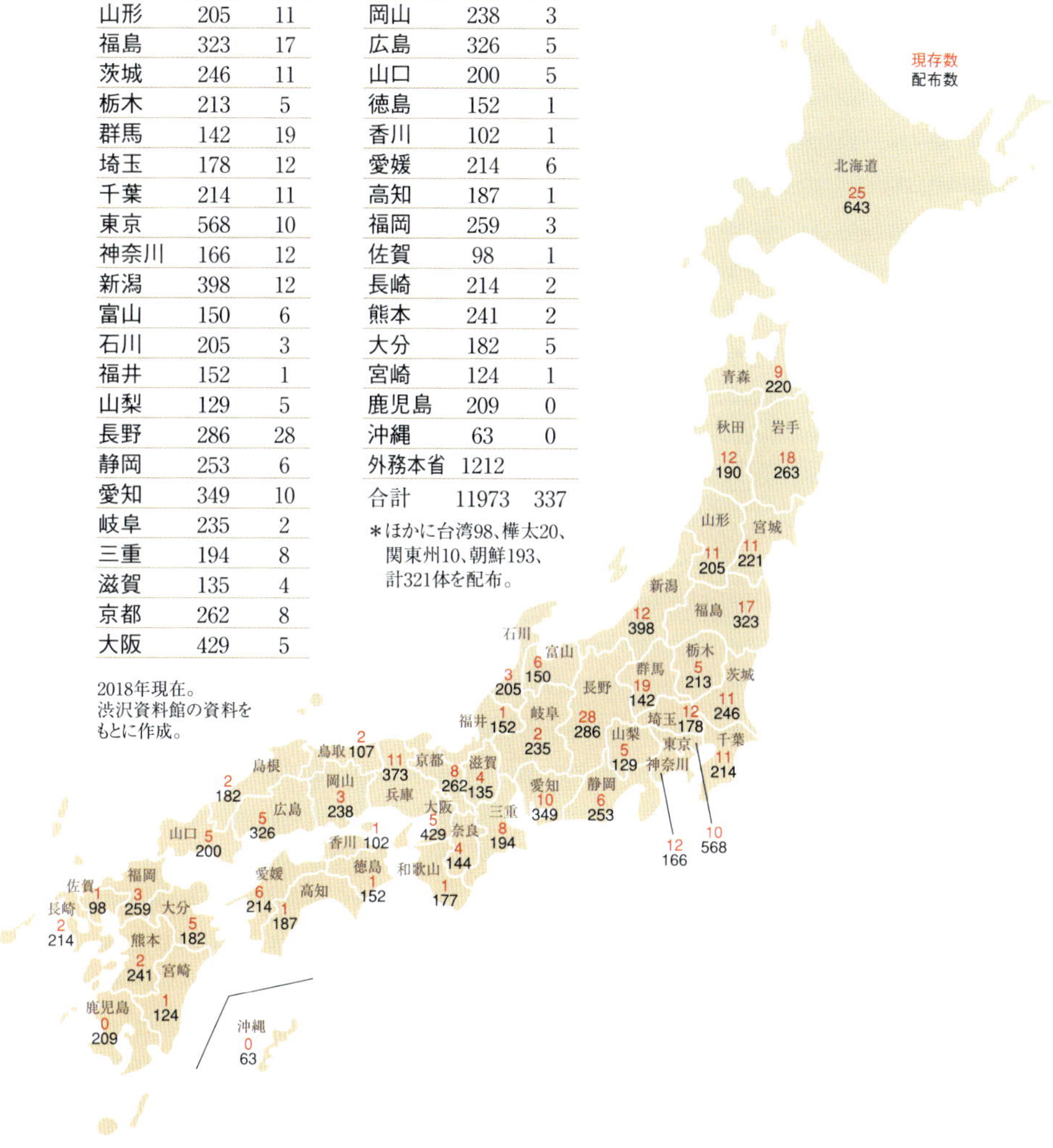

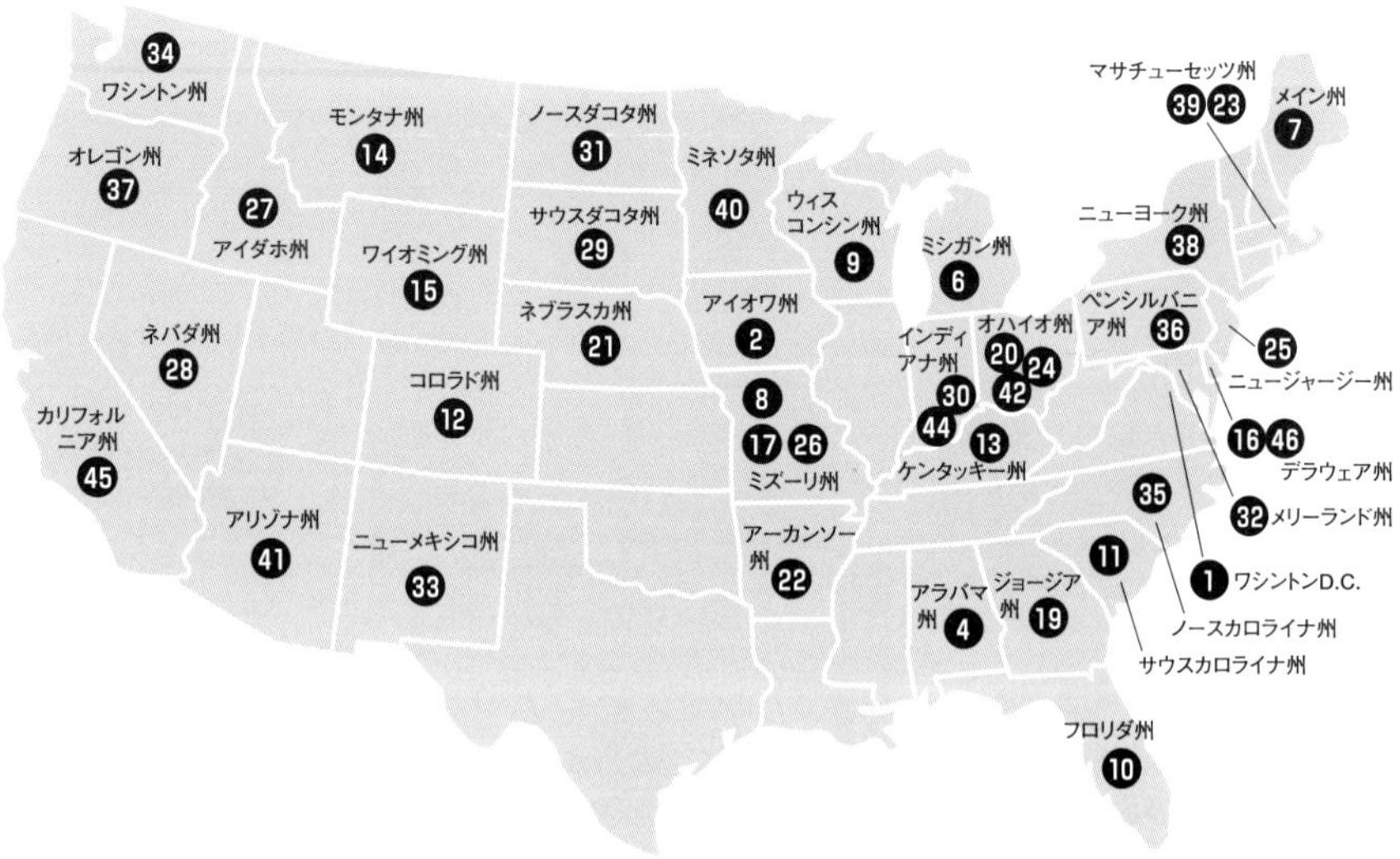

34 ミス徳島		ワシントン州	ノースウエスト芸術文化博物館
35 ミス香川		ノースカロライナ州	ノースカロライナ州立自然科学博物館
36 ミス高知		ペンシルバニア州	カーネギー自然史博物館
37 ミス福岡		オレゴン州	オレゴン大学ジョーダン・シュニッツァー美術館
38 ミス長崎	長崎瓊子	ニューヨーク州	ロチェスター市立科学博物館
39 ミス大分		マサチューセッツ州	スプリングフィールド科学センター
40 ミス宮崎	日向瓊子	ミネソタ州	ミネソタ歴史協会
41 ミス鹿児島	薩摩昭子	アリゾナ州	フェニックス歴史博物館
42 ミス沖縄	沖縄球子	オハイオ州	シンシナティ美術館
43 ミス関東州	関東州満州子		個人所蔵
44 ミス朝鮮		インディアナ州	バルパライソ大学ブラウア美術館
45 ミス台湾		カリフォルニア州	ロサンゼルス自然史博物館
46 ミス樺太		デラウェア州	デラウェア歴史センター

不明の「答礼人形」　12体

ミス栃木、ミス千葉、ミス東京府、ミス東京市、ミス神奈川、ミス新潟、ミス福井、ミス滋賀、ミス神戸市、ミス愛媛、ミス佐賀、ミス熊本

*2018年現在。渋沢資料館、高岡美知子さん、青木勝さん、その他の資料をもとに作成

現存する「答礼人形」と所蔵先

人形の名前	愛称	州名	所蔵先
❶ミス大日本	倭 日出子	ワシントンD.C.	スミソニアン博物館
❷ミス北海道	北海花子	アイオワ州	プットナム博物館
❸ミス青森	青森睦子		個人所蔵
❹ミス岩手	岩手鈴子	アラバマ州	バーミングハム公立図書館
❺ミス宮城			個人所蔵
❻ミス秋田	秋田蕗子	ミシガン州	デトロイト科学センター
❼ミス山形	山形千歳	メイン州	メイン州立博物館
❽ミス福島	福島絹子	ミズーリ州	カンザスシティおもちゃ・ミニチュア博物館
❾ミス茨城	筑波かすみ	ウィスコンシン州	ミルウォーキー公立博物館
❿ミス群馬		フロリダ州	モリカミ博物館
⓫ミス埼玉	秩父嶺玉子	サウスカロライナ州	チャールストン博物館
⓬ミス横浜	横浜浜子	コロラド州	デンバー・ミニチュア・人形・おもちゃ博物館
⓭ミス富山		ケンタッキー州	スピード博物館
⓮ミス石川		モンタナ州	モンタナ歴史協会
⓯ミス山梨	山梨富士子	ワイオミング州	ワイオミング州立博物館
⓰ミス長野	長野絹子	デラウェア州	デラウェア歴史協会
⓱ミス静岡	富士山三保子	ミズーリ州	カンザスシティ博物館
⓲ミス愛知			個人所蔵
⓳ミス名古屋市		ジョージア州	アトランタ歴史センター
⓴ミス岐阜		オハイオ州	クリーブランド美術館
㉑ミス三重	三重三重子	ネブラスカ州	ネブラスカ大学州立博物館
㉒ミス京都市	京都宮子	アーカンソー州	アーカンソー・ディスカバリー博物館
㉓ミス京都府	平安京子	マサチューセッツ州	ボストン子供博物館
㉔ミス大阪府		オハイオ州	オハイオ歴史協会
㉕ミス大阪市	ミス浪速	ニュージャージー州	ニューアーク博物館
㉖ミス兵庫		ミズーリ州	セントジョセフ博物館
㉗ミス奈良		アイダホ州	アイダホ州立歴史協会
㉘ミス和歌山		ネバダ州	ネバダ歴史協会
㉙ミス鳥取		サウスダコタ州	サウスダコタ州立歴史協会
㉚ミス島根		インディアナ州	インディアナポリス子供博物館
㉛ミス岡山	岡山桃子	ノースダコタ州	ノースダコタ州立大学
㉜ミス広島	広島広子	メリーランド州	ボルティモア美術館
㉝ミス山口		ニューメキシコ州	インターナショナル・フォークアート博物館

●兵庫県の「青い目の人形」

朝来市
メリー
姫路市
ローズ
マリー
三木市
エレナ（現横浜市）
赤穂市
ローズマリー
神戸市
播磨町
高砂市
エリカ
ヘレン
メリー
メリー
シャノン
マダリン
ローズ
キャシー

ワタシはメリー

～アメリカから来たフレンドシップドール～

ワタシはメリー　アメリカから来たフレンドシップドール

久美子さんがワタシを抱き、見つめている。

この人は、ワタシを暗い箱の中から抱き上げてくれた人。

「メリーちゃん、あなたはやっぱり、アメリカから来た人形だったね」

「私の妹」と言われ、大学生になっても、お嫁に行っても、ワタシはずっと久美子さんと一緒だった。

「アメリカの、どこから来たの」

その声で浮かんだ顔は、グレーの目をした男の子。パーティーのあと、「日本の友だちに、よろしくな」って、ワタシを箱の中に寝かせた。

箱の中は暗くて、空気が重い感じがした。横になると、ワタシは目が自然に閉じる。だから眠ろうとしたけど、これから、どうなるのって、しきりに思っていた。


箱がふたたび開いた時は、まぶしかった。長く目を閉じていたから、しばらくまぶしくて、まぶたがパチパチ動いた。
歓声と一緒に「星の国のお客さま」と呼ばれて、歌が流れはじめた。

海のあちらの　友だちの
まことの心の　こもってる
かわいい　かわいい人形さん
あなたを　みんなで迎えます

波をはるばる　渡り来て
ここまでお出での　人形さん
さびしいようには　致しません
お国のつもりで　いらっしゃい

「人形を迎える歌」（高野辰之作詞　東京音楽学校作曲）

たくさんの子どもが、ワタシを見つめていた。うれしそうで、楽しそうで、喜んでくれているのが分かった。

「そうか、これが日本の友だちか」って思ったから、ワタシは「ハロー」って〝あいさつ〟した。だけど、「ママー」と、泣いてしまった。

「人形が、しゃべったでぇ」

「マーって、言うたわー」

子どもが押し寄せてきた時、ワタシは誰かに抱き上げられ〝お雛《ひな》さま〟と呼ばれる、日本の人形がならぶ棚《たな》の一番下に置かれた。

「この人形は、アメリカからやって来たメリーちゃん。日本とアメリカの子どもたちが仲良くなるようにと、送られてきました。五月二七日、この人形を歓迎する歌唱会を開きます。みんなのお家にある人形も持ってきて下さい。メリーちゃんと一緒に並べましょう」

ワタシはまた、大きな歓声につつまれた。


唱歌会がおわると、ワタシは「裁縫《さいほう》室」と呼ばれる教室に置かれた。戸棚にすわるワタシを、女の子たちが何度ものぞきに来る。そこには女先生がいて「あずま先生」と、呼ばれていた。

「裁縫室」は女の子の教室。でも、あずま先生は、時々、男の子をつれて来る。

「はい、そこでズボンをぬいで。やぶれているところは、先生がぬってあげます」

男の子は、プンとワタシを見あげると、ズボンをぬいだ。すると「あら、パンツにも穴が…」

先生は、ズボンとパンツをクシクシ縫《ぬ》いながら、男の子に言った。

「このズボンは、君のかわりにケガをしたんよ。あぶないことは、もうしないこと」と。

男の子は、直してもらったズボンをさすりさすり、裁縫室を出て行った。

勉強が終わったころ、今度は女の子たちがやって来る。先生が教えるのは「お茶」と「お花」だって。

「しっかり覚えましょう、あなたたちのこれからに、きっと役に立ちますから」

先生とワタシは、こうして毎日をすごした。

冷たい冬がすぎ、暖かな春がくると、お雛さまの季節になる。人形たちが雛段に並ぶその下に、ワタシはひし餅やアラレと一緒に置かれた。


そんな春をどのくらい重ねただろう。

ある日、ドカドカと裁縫室に入って来た男の人がいた。

教室を見回し、棚にいるワタシを見つけると「敵国のスパイは、これかっ！」と、叫んだ。後ろから入ってきたヒゲの男先生があずま先生を窓ぎわに呼んだ。

「もうすぐ、この校庭で戦死した人の葬式が、村をあげて始まる。これからも、度々ありますやろ。憎い敵国の人形がここにあったんでは困るんやないですか」

ワタシを振り返った男先生の目が、恐ろしかった。あずま先生は動かず、校庭をじっと見ていた。

ドカドカ歩く男の人は、それから何度も裁縫室に現れた。現れては、ワタシを指さし、大声を上げた。そして、男先生まで、あずま先生に付きまわるようになった。

ワタシの国アメリカと、日本が戦っているらしいのは、分かってきた。でも、ワタシはスパイなんかじゃない。どうしたらいいのか、もう分からなかった。


雛祭りにワタシが飾られなくなって何度目かの春のこと。

あずま先生が両手に人形を抱いて入ってきた。この学校にまだほかに、ワタシと同じブルーの目をした人形があったのをワタシは初めて知った。

先生は、その人形を箱に入れると、ワタシを戸棚からおろし、一緒に箱に寝かせた。

「しばらく、がまん…」

箱がしまるすき間から、かすかに声が聞こえた。

そして、箱があいた時、抱き上げてくれたのが久美子さん。

「メリーちゃんよ」

あずま先生は久美子さんのマム（母さん）で、その日は、先生が学校を辞めた日だった。

「わたしの、いもうと」

かわいい顔で久美子さんは、たしかにそう言った。それからの長い時間、ワタシたちは一緒に過ごしてきた。

久美子さんは考えている。ワタシをひざに置いたまま、じっと考え続けている。

ワタシには分かる。ずっと一緒だったから。

迷ったり、悲しかったり、とまどった時、久美子さんは、ワタシを抱き、こうして長く考え込み、いつも何かを決めていた。

「あなたは、『青い目の人形』と呼ばれているけれど、本当は『フレンドシップドール、友情の人形』、アメリカから友情と平和の使者としてやって来た人形なんですって」

つぶやくように語る久美子さんが考えていたのは、やっぱりワタシのことだった。

「分かっていたけれど、決心がつかなかっただけ。でも…」

久美子さんの声を聞きながら、ワタシは今朝やってきた女の人を思い浮かべた。その人は、ワタシを受け取ると「あなた、ここにいたの！」と、抱きしめた。

久美子さんが、もう一度ワタシを見つめる。

「あなたは、もう十分、私にその使命を果たしたよ。これからは、もっと大勢の人にその役目を使ってほしい。だから、私の友だちにあなたを託すことにします。楽しかった。うれしかった。ありがとう」

久美子さんの声はきっぱりとして、静かだった。

次の日、ワタシは久美子さんの元を離れた。

久美子さんの友達という人の手に抱かれて、兵庫県朝来町（現朝来市）にあるホールの舞台に上がった。ライトが当たってまぶしかった。

その舞台は、ワタシたちがどうして日本にやって来たかを「フレンドシップ・パスポート～友情は時代と海を越えて～」という物語にしてあった。

グレーの目をした男の子が「日本の友達によろしくな」って言った意味が、ワタシはこの物語で、よく分かった。

ワタシを抱いている人は、この物語を書いた人。ワタシたちのことを良く知っている人だった。

「昨日、この人形を見つけました。山口幼稚園のメリーと同じ名前の人形です。今日、二体の、いえ二人のメリーは、神戸港に来て以来、七七年ぶりの再会をします」

ほっそりした女性が、大事そうにもう一人のメリーを抱いて、こちらに向かって歩いて来る。

客席から大きな拍手が起きた。客席には久美子さんも来ていた。舞台で、タジタジしているワタシを見てくれている。

「だいじょうぶよ」

久美子さんが頷いて、そう伝えてくれている。

ワタシは、もう一人のメリーを見つめ「ハロー」と、目をパチパチ、心の中で呼びかけた。声はもう出なくなっていたから。

「こんにちは」

もう一人のメリーも、はずかしそうにほほ笑んだ。口元には、三角の穴が空いている。

舞台に音楽が流れはじめた。

青い目をしたお人形は

アメリカ生まれのセルロイド
わたしは言葉が分からない
迷子になったらなんとしょう
やさしい日本の嬢ちゃんよ
なかよく遊んでやっとくれ
なかよく遊んでやっとくれ

久美子さんが泣いている。周りの人も、舞台の上も泣いていた。

ワタシは日本の子どもたちに「友情」と「平和」の願いを伝え、仲良くするために、アメリカから来たフレンドシップドール、友情の人形だとはっきり分かった。

ワタシは今、久美子さんが託した人にしっかり抱かれている。これからどんなことが待っているのか分からないけれど、この人を「マム（母さん）」と呼んでもいいのかなと、この時、ワタシはふと思った。

ある日、ワタシは、アンティークなドレスを着て加古郡播磨町を訪ねた。
マムはワタシが、どこに誰から贈られて来たのか探しはじめていた。

町立播磨小学校の校長、藤原暁美先生が見つけてくれたのは、七七年前の教務日誌。マムが手にしている。

「五月二七日

午後一時ヨリアメリカ人形歓迎唱歌会を開ク」

久美子さんも一緒に来ていた。

「母は、人形について何も語らなかったけれど、他の二体の人形はとても精巧で、子どもの私には怖かったし、母が『メリー』と呼んだこの人形を選んだと思う。メリーが着ていた洋服や、黒の革靴、レースのついた下着まで、はっきり憶えています」と、ワタシの忘れていたことまで話してくれた。

「これでメリーちゃんは、確かにこの播磨町に来た人形だと分かりましたね」

校長先生と久美子さんがワタシを見た。

教育委員会も訪ね、マムはそこで一冊の本を開いた。数年前、マムが書いたという記事。そこには、こうあった。

「播磨町の悔やみきれない時代」

播磨（阿閇《あえ》）小学校の沿革誌によると、阿閇村に六八枚の召集令状が来たのは、昭和十二年。満州事変に続く太平洋戦争の最中だった。村から送り出された兵士は村の人口の一七パーセントに当たる三七九人。初めての戦死者の〝村葬〟が行われたのも小学校の校庭だった。村の戦死者は二三一人に上り、戦後「誉の家」「遺族の家」と呼ばれた家族の戦いは、以降何十年と続いた。

阿閇村は、昭和三七年に播磨町となったが、かつてこの村を覆った後悔の時代は、今も世界のどこかで繰り返されている。

紙面には二枚の写真が載っていた。一枚は女子生徒がなぎなたを振る姿。もう一枚は、校庭に全校生徒と職員が並んだ写真。

「うちにも、この写真はある。親父がここに写っている」と、教育長が言った時、久美子さんが「これ、母です」と、袴《はかま》姿の人を指さした。懐かしいあずま先生が、そこに写っていた。

それからワタシは、播磨町幼稚園に出かけたし、あずま先生の教え子さんたちとも出会った。高砂幼稚園にいる友達「ヘレン」と「エリカ」にも会いに出かけた。時々久美子さんも一緒に。

そして、そして、マムが言った。

「メリーちゃん、アメリカに帰るよ」と。

「サンフランシスコ桜まつり」で日本の叙情歌を歌う歌手、李広宏《りこうこう》さんと一緒に〝帰国〟することになった。そしてアメリカの主催者がワタシのために話す時間をとってくれると伝えてきた。

帰国するワタシに、洋裁の先生からドレスや下着、赤いマントが届いた。

「先生は八〇歳よ。メリーちゃんの洋服を作れるのを誇りに思いますって、言われたよ」

奈良からは真珠のペンダントも届いた。

「初めての里帰りを、みんな喜んでくれている」

マムは、桜まつりの会場「カブキシアター」に並べる日本のお土産をトランクに詰めていた。

二〇〇六年四月二六日、ワタシは七九年ぶりにアメリカに帰った。

海の上に赤く延びるゴールデンゲートブリッジはサンフランシスコの名所。白く美しい市庁舎の前で写真も撮った。

ワタシがかすかに憶えているアメリカの風景とは違っている。でも、ここは確かにワタシが生まれた国。そして、この町の港からワタシは日本へ向かった。

レセプションが開かれたのは「サンフランシスコ都ホテル」。外務省総領事夫妻や首席補佐官、広報官、それ以上に主催する日系の人たちが喜んでくれているのが分かった。

ワタシを抱いたマムが話し始めた。

「この人形は、七九年前、このサンフランシスコの港から日本に送られた人形です。平和と友情の使命を託されて…」

話し終えたマムに拍手した手がワタシに伸びた。たくさんの手から手へ、ワタシは故国の人に抱かれた。

翌日のカブキシアターには、日本の関係者もたくさん会いに来てくれていた。

サンフランシスコの沖の島から、日系の老人が「メリーちゃんに会いたい、青い目の人形の歌がうたいたいって、来ているよ」と、マムが言った。

ワタシは、とてもうれしかった。

カブキシアターでは、ワタシたちがアメリカから日本へ、日本の答礼人形がアメリカへ贈られた流れをマムが語った。観客の中に泣いている人が見えた。

舞台を終えた後も、ワタシたちは大勢の人に囲まれ、翌日も取材が続いた。

マムが、ワタシにささやく。

「メリーちゃん、あなたは、アメリカでも使命を果たしているよ」


帰国して間もなくだった。

「ギューリック三世が大阪に来られるらしい」

マムがはずむように言った。

ギューリック三世というのは、ワタシたちをアメリカから日本に送ったギューリック博士の孫にあたる人。

大阪歴史博物館でワタシはその人と初めて出会った。講演会に訪れた大勢の人は、ワタシが、八〇年も前に送られた人形だと分かると、とても大切に扱ってくれた。

この日、博物館に〝友達〟が一人寄贈されていた。天井まである大きなガラスケースの中に、ポツンと一人で立っていた。

「大切だと思うから、みんなケースの中に入れてしまうのよね」

と、つぶやいたマム。

そして「やっぱり、やろう」と。

マムの決断は早かった。

播磨町教育委員会を訪ねて、ワタシを〝平和大使〟に任命してほしいと要請した。そして、どこにでもワタシが自由に出かけられる事、誰にでも触ってもらえる事、これが大使になる条件と、伝えていた。

ケースの中ではなく、触れてもらうことがどれほど興味深く、多くの人の心に沁み伝わったかを、マムは話した。

二〇一〇年一二月五日、ワタシは播磨町から「平和大使」の任命を受けた。同時に「特別住民票」も交付された。

ワタシをマムが手放さない限り、期限無く平和大使として自由に動いていいという許可証だった。

大使になって初めて訪れたのは、熊本県天草市。「世界平和大使人形の館」のオープニングセレモニー。

人形を通して、世界の平和を願った園田天光光さんが世界百カ国に届けた人形の返礼として届いた人形を収蔵する館が「天草コレジヨ館」内に完成していた。

そこには、東京の人形店「吉徳」にいる〝アニー〟が特別に展示されていた。

「こんにちは」

呼びかけたけど、ケースの中にいるアニーの声は聞こえてこなかった。

マムとワタシは、どこにでも出かけることができた。

特に仲良しは高砂幼稚園のヘレンとエリカ。でも、会うたびに、神戸の港に一緒に来た大勢の友達は、どこにいるだろうと考え始めた。

そんな時、マムが言った。

「メリーちゃんが日本に来て、もう九〇年にもなるんだね」

マムの声がしみてきた。

「九〇年…」

ワタシは、神戸港で箱を開けた時の風を思い出した。海の匂いを含んだ風だった。あそこまでは大勢の友達と一緒だった。あの時のみんなは、今どうしているだろう。

そう思った時、マムがワタシに顔を近づけて言った。

「平和大使メリーさん、なつかしい友達に、会いに行ってみませんか」

マムがワタシと同じことを考えてくれていたのがうれしかった。

やっぱりこの人は、ワタシのマムだった。

友達に会える。友達に会いに行ける。
九〇年間、どうしていたか、いっぱい話そう。
「よく生きていたね」って、抱きしめてくれた人がいたことも話そう。
ワタシはメリー、マムに抱かれて、友達に会いに行く！

阿閇小学校（現播磨小学校）の校庭に整列する人々。
この中にメリーを守ってくれた「あずま先生」もいる

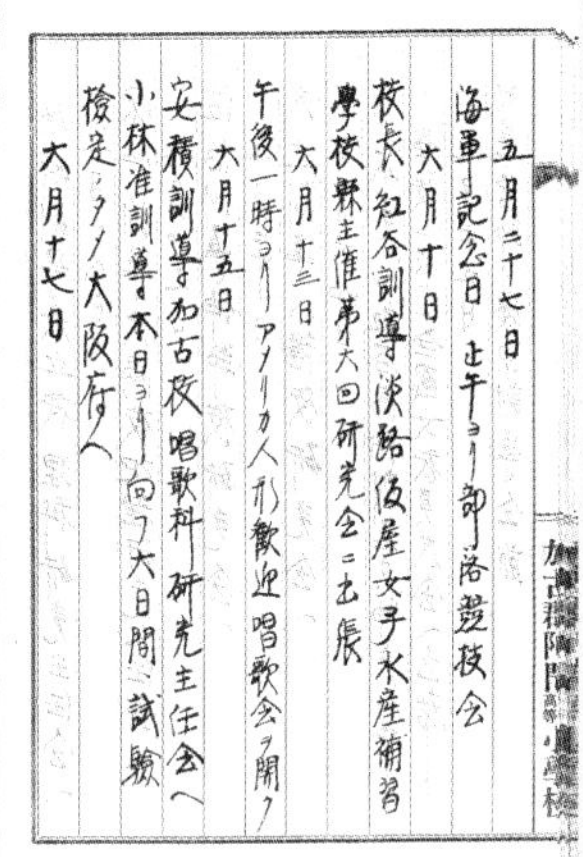

五月二十七日
海軍記念日 正午ヨリ部落懇談会
六月十日
校長、紅谷訓導淡路仮屋女子水産補習
學校郡主催第六回研究会ニ出張
六月十三日
午後一時ヨリアメリカ人形歓迎唱歌会ヲ開ク
六月十五日
安積訓導加古校唱歌科研究主任会へ
小林准訓導本日ヨリ向フ六日間ノ試験
検定ノタメ大阪府へ
六月十七日

加古郡阿閇小学校の教務日誌
「アメリカ人形歓迎唱歌会」の
記録が残る

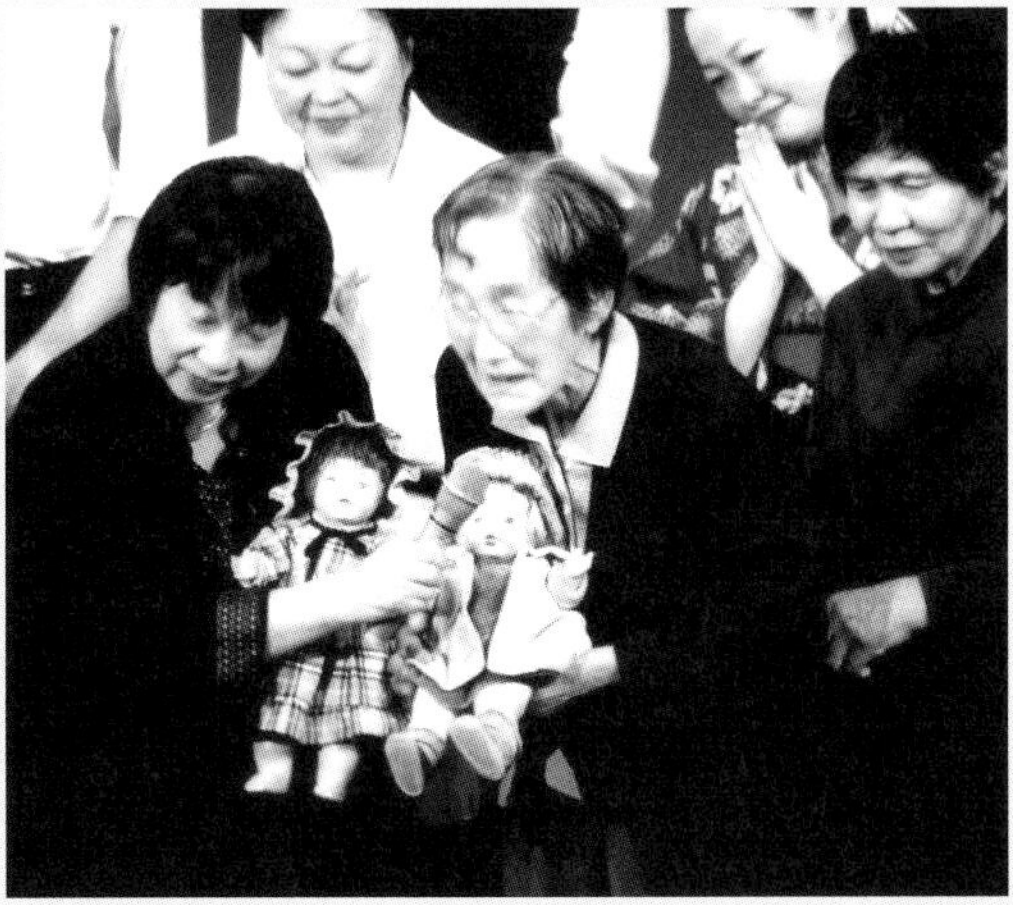

山口幼稚園（現山口こども園）のメリーと77年ぶりに
再会

79年ぶりにアメリカに帰国したメリー
サンフランシスコ市庁舎前で

ギューリック博士の孫・ギューリック
三世と初めて対面

仲良しのヘレンとエリカのいる高砂幼稚園に招かれて

播磨町の「平和大使」に任命されたメリー

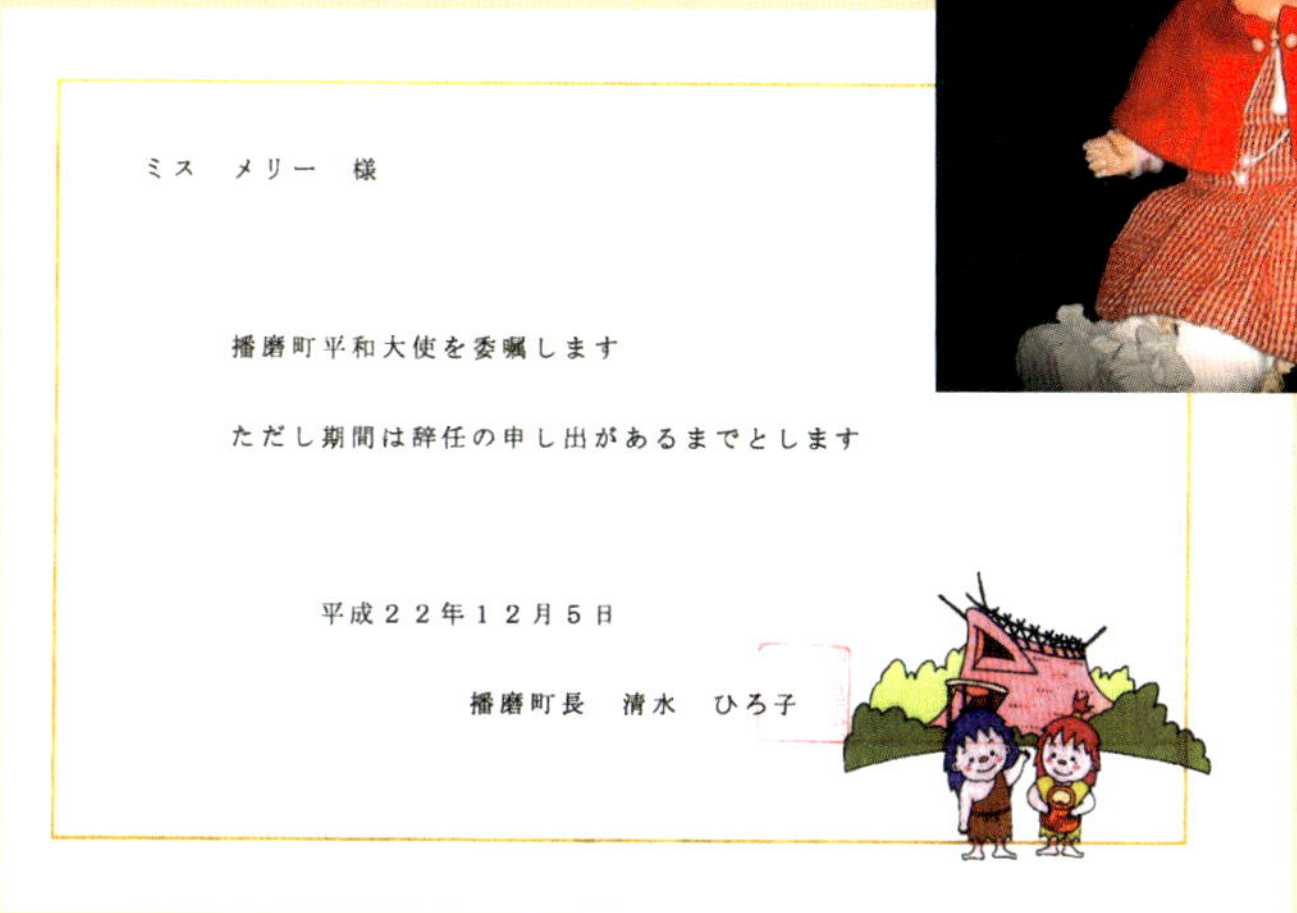

ミス　メリー　様

播磨町平和大使を委嘱します

ただし期間は辞任の申し出があるまでとします

平成２２年１２月５日

播磨町長　清水　ひろ子

平和大使になって初めて訪れた熊本県・天草コレジヨ館世界平和大使人形の館

「平和大使」になったメリー　再会の旅へ

メリーが訪ねた兵庫の〝友達〟

ギューリック博士の手紙を持ち、人形が日本に届いて九一年が経った。県内にはメリーを含め「友情の人形」一一体が暮らしている。メリーと共に、その〝友達〟に会いに出かけた。

移民博物館を飾った「ローズマリー」――姫路市

姫路城の東側、姫路市五軒邸に「認定こども園ベイカ」がある。この園には、市内で唯一残るローズマリーがいた。

一八七三年（明治六年）、国内のキリスト教禁止令が解かれると、多くの外国人牧師や教師が日本にやって来た。その中に園の名前にもなっているアメリカ人、エドウィン・ベイカーもいた。

ベイカーと小泉八雲

一八八九年（明治二二年）、当時の姫路中学校（現姫路西高校）に英語教師として赴任したベイカーが、数年後、妻トリと近所の貧しい子どもたちを預かった事から、この園は始まっている。開園から一二八年。その歴史を物語るように、中庭に、ベイカーの頌徳碑も建っていた。

人形交換を提唱したギューリック博士も前年に来日しているが、ベイカーは、元々松江中学に赴任する予定だったらしく、ベイカーの代わりに松江に着任したのが〝怪談〟などの小説を書いたパトリック・ラフカディオ・ハーン（小泉八雲）だった。

八雲は、松江に赴く前、ベイカーを姫路に訪ねて来ている。もし、八雲が姫路に着任し、ベイカーが松江に赴いていたら、新聞記者だった八雲は「耳なし芳一」ではなく、「友情の人形」の物語を書いていたかもしれない。

ベイカーが人形と写る

人形がこの園にあることが判明したのは「ミス兵庫里帰り展」の記事を読んだ卒園生からの連絡がきっかけだったという。

日時は不明だが、人形は市立城東小学校で贈呈され、当日、ベイカー夫妻と園児が人形と一緒に写る写真が見つかった。

故国から来た人形を受け取った六年後、ベイカーは亡くなっているが、ベイカーと妻トリの献身的な活動は、教会の建設、女学校開校の尽力など、その足跡は「碧眼の良寛」（石川一夫著・

姫路市立城東小学校で人形を受け取った日と思われる写真。後列中央に「ローズマリー」と子どもたち、その両側にベイカー夫妻が写る

「ローズマリー」と再会したメリー

姫路市文化振興財団）に書かれて残る。

「でも、人形のことは何も引き継がれていないんです」と、前園長の岡智恵さんは語る。戦時中は園名も当て字で〝米加〟にしていたと聞いたが、姫路市街が空襲を受ける中、ローズマリーに傷めつけられた形跡は無い。

赤穂幼稚園にある人形と同じ社の製品だが、美しいまま残っていた。

きれいに残っているからこそ

現在、ローズマリーは公開されていないというが、これまで長崎や北海道、サンフランシスコなどに貸し出されてきた。特にロサンゼルスの「日系人移民博物館」で開かれた「友情へのパスポート＝日米親善人形75年目の再会展」では、多くのアメリカ紙がこのローズマリーの写真を掲載している。それほどローズマリーは美しい。

アメリカへの出展に不安は無かったのか、現園長の大内伸子さんに聞いてみた。

「きれいなまま残っているからこそ、（アメリカで）見てもらうために、出してみようと思った」と、語る。

「友情人形」の多くが、戦時中に被害を受けたが、ローズマリーは、エドウィン・ベイカーの行なった献身的な行為の数々によって、守られてきたのかもしれない。

三十年隠し守られた但馬の「メリー」

朝来市

戦後の日々は復興のために過ぎ、一九七三年（昭和四八年）三月一五日、ＮＨＫテレビがドキュメンタリー「人形使節メリー」を放映した。国内に残る唯一の人形だと伝えたという。

放送の翌日、山口幼稚園（現山口こども園）では、元園長神橋綾子さんによって園に残る人形がアメリカから来た「友情の人形」と確認された。九日後の二四日、「虐待のメリーちゃん、南但にも生きていた」と、神戸新聞が報道。

全国各地から人形発見のニュースが伝わる中、高砂市の高砂幼稚園にも二体あることが判明。兵庫県で三体の人形が確認された。

手記が語る「人形とともに三十年」

一九九九年、八七歳になった神橋さんは、メリーのことを手記にまとめた。冊子「青い目の人形とともに三十年」は、メリーを三十年間、隠し通した人の手記。当時の様子を克明に記す貴重な記録として今も残る。

そこには、幼い日、父の職場だった「郡立山口小学校」で見た人形を、密かに虐待の場から拾い上げ隠し続けた苦悩の日々が、但馬の戦前、戦後の様子と共に書かれている。

戦況の悪化した当時は、生徒や園児が毎朝、天皇の真影（写真）と教育勅語が納められた奉安殿に一礼。次にルーズベルトアメリカ大統領、イギリス首相チャーチルの像を竹槍で突いて校門を入る毎日だったと書く。

一九四三年（昭和一八年）の秋、小学校と同居する幼稚園に置かれるようになった人形を主席教師が「人形の処分が出た」と、取りに来たという。

その日、校庭で男子生徒がメリーを投げ合い、木切れで打つ姿を見ながら出張に出た神橋さんは、帰校して無人のゴミ焼き場に捨てられた人形を見つける。

「私は急いで人形を拾いあげました。そして教室に入り泥だらけの人形を新聞紙に包んで、幼児用の戸棚の一番下の引き出しの奥にしまい、前の方に私の帳面などを置いて分からないようにしました」と、その様子を書いている。

見つかれば国賊、非国民と呼ばれ、校長をしている父や親類にまで迷惑が及ぶかもしれない戦時中、神橋さんは眠れぬ日々を過ごす。時に打ち明けようともしたが、ついに決心をする。

「私は誰にも一言もいわず、人形は戸棚の引き出しに押し込んだまま、隠し通したのです」と。

戦後の朝来の町でも、進駐軍によって国旗や剣道具が校庭で焼かれる日々があった。

園長になって数年後の一九五九年（昭和三四年）、神橋さんはメリーを取り出し、衣服や顔の汚れを取り、洗っているが、その時、アゴと指に傷があること、「ママー」と泣かなくなったことを知った。

但馬に唯一残る友情人形「メリー」

戦禍から守り抜いた「メリー」を抱く神橋綾子さん
人形のあごには痛々しい傷が残る

ささゆりホールで上演された「フレンドシップ・パスポート」。
舞台には山口幼稚園の園児たちも出演した

「日米友情交換人形再会式」へ

一九八三年（昭和五八年）一〇月二〇日付で「日米友情交換人形（青い目をしたお人形）再会催事についてのお願い」という一文が山口幼稚園に届いた。メリーの貸し出し依頼だった。

その年の一一月、神橋さんはメリーを連れて「日本青年館」に出掛けている。

五六年前、人形の歓迎式が開かれた会場に一〇九体の人形が勢揃い。「再会式」に続いて西武百貨店で開かれた「青い目の人形展」にもメリーは出展した。

以降、神橋さんは、幼稚園の後輩園長清瀬妙兮《みょうけい》さん達と、メリーを抱いて各地の人形の催しに出向くようになった。

一九九七年の「ミス兵庫里帰り展」には、県内で確認された九体の人形と共にメリーも大丸神戸店、県立子どもの館に展示された。子どもの館では目が閉じたまま開かなくなり、そこに到着した神橋さんが「メリーちゃん、目をあけてちょうだい」と呼び掛けると、目を開けたという。

このエピソードは、メリーを隠し通した神橋さんとの絆を示す逸話として今に語り継がれていた。

園児も舞台へ

「ミス香川」「ミス長崎」などの里帰り展にも、メリーと神橋さんは出かけている。

二〇〇四年一〇月、朝来町（現朝来市）のささゆりホールで開いた演劇「フレンドシップ・パスポート〜友情は時代と海を越えて」には、山口幼稚園の園児たちがメリーと一緒に舞台に上がった。人形を守り抜く神橋さん役を演じる役者の姿を、本人はどのように観て、どう思ったのか、聞きそびれた。

ホールのエントランスには、ガラスケースに入ったメリーが飾られ、神橋さんに寄り添うように「青い目の人形を囲む会」を立ち上げた人たちが動いていた。

この舞台で、神橋さんが抱いた朝来のメリーと、前日に見つかった播磨町のメリーは対面を果たす。

そして、二〇一六年五月二七日、ギューリック三世を迎え甲南幼稚園で開いた「青い目の人形89年目の同窓会」の会場には、メリーを抱く神橋さんの姿は無かった。

「人形を隠し通し、大変な想いをしたけれど、間違ったことで無かったからこそ、こんな幸せな日々が来ました」と、語り続けた神橋さんは、二〇一二年、九九歳で亡くなっている。

「山口こども園」になっても

二〇一三年、山口幼稚園は「山口こども園」に名称を変えた。再訪の日、神橋さんの親族、ゆかりの友人たちが集まった。

昔の幼稚園にあった和室の談話室で、子どもたちがメリーの持ってきた手作りの洋服を他の人形に着せて遊んだと話が出た。メリーに着替えの洋服があったことが分かった。

神橋さんの娘の橋本怜子さんは、「互いに忙しく、母が亡くなるまで、人形に触れたことも、人形の話をした事も無かった」と語り、初めてメリーを抱いた日は、感慨深かったと話した。そして、「これが（隠したことが）見つかったら殺されると、母はよく言っていた」と、当時の神橋さんの胸中を伝えてくれた。

清瀬さんは、神橋さんと一緒に長く行動した人。「神橋先生が貫き通されたからこそ、メリーは但馬に唯一残った。貴いことです」と、共に動いた日々を懐かしがった。幼稚園に三六年勤めた野村みわ子さんは「きたない人形、ほかしなはれ、言う人もおったしなぁ」と、話す。

茂木敦子前園長は「雛祭りにメリーを置くと、園児も高齢者も、トライやるウィークで来た中学生たちも、記憶の隅に人形が残っていて、嬉しかった」と語った。

そのメリーは、二年前からガラスケースに入った。伊地知敏江現園長は、室内に置かれたメリーを見つめて言った。「大切な人形が古くなってきたから」と。

それぞれの想いの中で朝来市のメリーは守られてきた。これからも守られて欲しいと願った。

東京から来た「マダリン・エリザベス」

神戸市灘区

「マダリン・エリザベス」の発見は、偶然だった。

ラジオ番組の制作過程で、全国に残る人形の一覧をパソコンで調べていた時、これまで把握していない兵庫県の人形としてマダリン・エリザベス（神戸大学）と載っていた。

情報を確かめるために国立大学法人神戸大学の広報課に連絡を取ったが分からない。

新たな人形の確認

人形は殆どが学校関係に配布されているため、教育学部にあるのではと、灘区にある大学院人間発達環境学研究科の事務局に電話を入れた。

人形はそこにあった。会議室の戸棚の古い物と一緒に一番上の棚に置かれ、包み紙を張った箱の中に、ポツンと立っていた。

一目でアメリカから来た人形だと分かったが、事務局長の川端清文さん達の了解を得て背中を開け、確認させてもらった。

「MADAME HENDREN DOLL216」

調査時は三年前。八九年経過していたが、マダリンの背中には、直前にナンバリングされたようなブルーのインクが、鮮やかに残っており、その色のきれいさに思わず手が止まった。

身体を起こした時だった。マダリンの声を聞いた。久しく動かすことが無かったせいと思いつつも、訪ねてきたことを喜んでくれているようで、胸が温かくなった。

顔は甲南幼稚園のローズと酷似。同じ工房で作られた人形だと分かった。

着ているコーデュロイのコートは、当時はグリーンの美しい色だったと思われるが、焼けてくすんでいた。コートとお揃いの帽子にはビーズが留めてあり、ワンピースは、コートの裏地と共布のオレンジ色。色あせておらず、お洒落に手作りされていた。

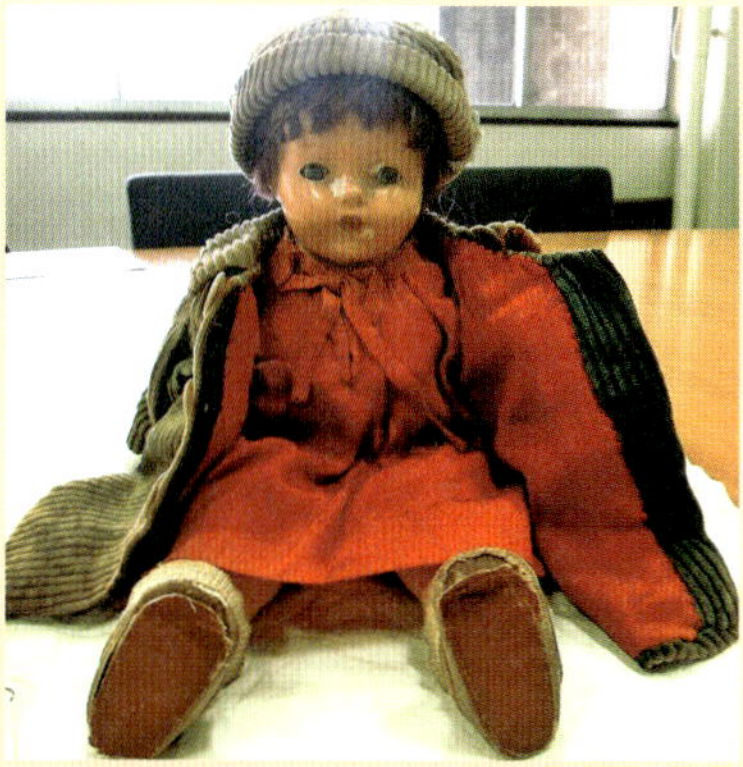

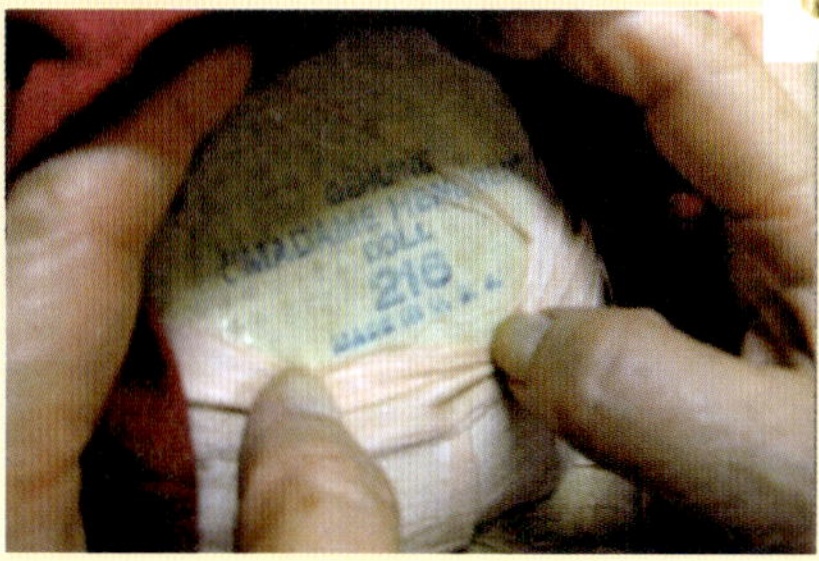

手作りのコーデュロイのコートとワンピースを着た「マダリン・エリザベス」。背中には「MADAME　HENDREN DOLL216」の文字が鮮やかに残る

東京から来た“友達”にはじめて対面したメリー

野口援太郎と新教育運動

人形がここに来た経緯を大学側も把握していた。

マダリンはかつて東京にあった「池袋児童の村小学校」に贈られた人形。その学校の創設者、野口援太郎（一八六八〜一九四一）は、一九〇一年（明治三四年）、兵庫県第二師範学校が改称され姫路師範学校となった時、初代校長を務めた人。「野口援太郎著作集全6巻」など多くの著書を持ち、顕彰碑が姫路市内に残る。

六十代になった野口は、大正デモクラシーを背景に、児童を中心に置く欧米の「新教育運動」に共感。一九二三年（大正一二年）、自らが中心となって「教育の世紀社」を創設。翌年「池袋児童の村小学校」を創り、初代校長になっている。同三六年、小学校は解散したが、九月、野口は再び「東京児童の村小学校」を設立。四一年、野口の死去により学校は解散している。

軍隊的師範教育を経た野口が目指したのは、家族的でリベラルな学風。当時、実験学校として開設された多くの私立小学校の一つだった。

なぜ、人形が神戸大学に？

神戸大学になぜ、人形が届いたかは「児童の村小学校」に当時在籍していた小林かねよが一九八三年に出した「児童の村小学校の思い出」（あゆみ出版）の中に書かれている。

援太郎の四女、まことと電話で話した内容として、当初、まことは人形を姫路師範学校の同窓会館に寄贈したいと話しているが、四九年に神戸大学が発足。姫路師範学校が大学に吸収された事に加え、同大学に七一年から七三年頃まで、まことの夫、大西一正が事務局長として在籍しており、夫の勤務先である神戸大学教育学部に寄贈したものと考えられる。

同大の川端事務局長は「我々は、価値も知らないまま保存していたというのが正直なところ。今回の取材で、ここに貴重なものがあると意識させられた。戦争の生き証人として、改めて人形の歴史、素晴らしさを感じた。学生たちにもどんな形かで知らせ、関心を持ってもらえたらと思う」と、語った。

現在、神戸大学のサイトにはマダリン・エリザベスの情報が掲載されている。

紙芝居になった「ローズマリー」——赤穂市

赤穂市立赤穂幼稚園に残る「ローズマリー」は、「ミス兵庫里帰り展」までは、来歴不明の古い西洋人形だった。

「里帰り展」に登場

発見時の情報では、寺の天井裏から出てきたと聞いていたが、取材で訪れた時はガラスケースに入れられ、職員室に置かれてあった。

ケースから出し「友情の人形」であるかどうか、製造元を確認しようと背中を開けて驚いた。身体が支柱に紐で縛られていた。身体が傾くからと聞いたが、長くこのまま居たのかと、了解を得て解かせてもらった。

人形には、背中に打たれたローズマリーの刻印があり、アメリカから来た人形に間違いなかった。

配られた当時に持参していたパスポートには別の名前があったはずだが、全ての資料を失った場合、人形の背中の刻印が名前になる例は多くある。

姫路市の「認定こども園べイカ」の人形もローズマリー。同じ社の製品で、どちらも白磁のように美しい顔をしている。

それにしても「ミス兵庫里帰り展」で、共に発見され、遅れて並んだ二体が、共に同じ顔で同じ製造元の人形だったとは、偶然かもしれないが愉快に思えた。

訪問時、園長だった田淵豊子さんが幼稚園に残る日誌に次のような記載があるのを見つけてくれていた。

「行事」

三月十二日　アメリカ人形歓迎ヲ兼ネ雛祭リ執行

「雑件」

一月七日　米国ヨリ親善使節トシテ人形ヲ贈ラル

十二月二十五日　午前一時二十五分　天皇陛下崩御

白磁のような美しい顔の
「ローズマリー」

紙芝居になった「ローズマリー」の物語（右）。
鬼塚浩太郎さん（上）を中心に父兄や教師たち
によって作られた

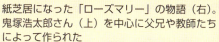

しかし、この「雑件」には、大きな誤りがあると思われる。大正天皇の崩御は一九二六年、人形が来た前年であり、翌年三月三日、神戸の歓迎式を終え、六日から三日間三越分店に展示された後、配布された日程からすると、どちらにしても前年の一月七日に人形が贈られたという記述には無理がある。

父兄が作った紙芝居

幼稚園に一人の男性が待っていた。

二〇〇三年から、各地で上演した演劇「フレンドシップ・パスポート」に出演してくれた俳優、鬼塚浩太郎さんだった。思いがけない再会と、鬼塚さんがローズマリーの物語を何年も掛けて紙芝居にしたことを聞き、一層驚いた。

神戸から赤穂に移り結婚した彼は、赤穂幼稚園に人形があることを舞台に出たからこそ知っていた。だから、その地区内に家を建て、子どもをローズマリーのいる幼稚園に入れると決めていたと語った。

そして、仕事と劇団活動の傍ら、園の父兄を巻き込み、最後は園の教師たちによって、園児に分かる物語に仕上げられていた。

園児たちにその物語を読んでもらった。赤穂幼稚園のローズマリーと、私が抱いて行ったメリーがその物語を一緒に聴いた。

「いつかこの町で、あの人形の舞台をやりたい」

鬼塚さんの言葉が、今も消えない。

人形の経緯がファイルに

ローズマリーは「青い目の人形89年目の同窓会」に出席したが、ベイカ保育園（現認定こども園ベイカ）のローズマリーは出席出来なかった。

二体の再会を期待していたが叶わなかった。いつか、この播磨に残る双子のような人形を出会わせたいと思う。

着任一年目だという小谷貴美子園長はこう話す。

「四十年ほど前に、勤務した時は、外国から貰った人形というだけで詳しい事は分からなかったけれど、今、マリーちゃんのそばには『アメリカ親善使節人形ファイル』が置いてあり、高砂幼稚園など、他の幼稚園との交流の資料もあります」と。

前園長が市の幼稚園関係者の集まりで、紙芝居を読んだとも聞いた。

「今年はまだ年少の園児には、読み聞かせをしていませんが、人形を見せて話をしてやりたい」と園長は語る。

人形の存在は、人と人の繋がりでもある。赤穂幼稚園のローズマリーにも、その繋がりが出来つつあった。

引き継ぎ、守られ続ける「ヘレン」と「エリカ」

高砂市

高砂市高砂町にある「市立高砂こども園」の前身は「市立高砂幼稚園」。この町で最も古く百年以上の歴史を持つ。

その園には、人形に関する貴重な資料や写真が多く残る。

二度の取材には、元園長や園職員が集まり、受け継いできた人形の話を多く聞くことが出来た。

人形を迎えた日の写真

高砂幼稚園に人形が二体あることを知ったのは、三十数年前の取材の時。他の取材だったためそのまま過ぎたが、友人が園長として赴任し、園児たちの行事や出来事に人形が参加することが多く、次第に背景や歴史を知ることになった。

「人形のことを園児や多くの人に、少しでも知って欲しいと思って」

園長は、二体の人形を、園以外の催しや展示、招待に貸し出し、県内の人形の中でも、同園の人形は、早くからその存在を内外に知られていた。

人形を出迎えた日のリアルな写真は、県内ではここにある一枚しか見つかっていない。

写真の正面には「忠」、「孝」の額が掲げられ、当時の世相が写る。中央に教師や保母と一緒に人形を抱いた男子生徒と幼稚園の女児が立つのは、市立高砂小学校の講堂。

高砂幼稚園の「ヘレン」（右）と「エリカ」

人形の古稀を祝う会に招かれた村上千代子元園長（左）と元園児の丸山美子さん

人形を迎えた日の写真。高砂小学校の講堂に関係者が集まり、中央で男の子と女の子が抱いているのが「ヘレン」と「エリカ」

今は廃線になった旧国鉄高砂駅に、白手袋をした校長以下関係者、代表生徒が人形を出迎え、講堂で披露した日の写真だった。

小学校と幼稚園が同居していた当時の建物から、幼稚園は現在建つ「高砂こども園」の場所に独立した。その時には、小学校の人形はすでに幼稚園に有り、いつ人形が移ったかは分かっていない。

写真をじっくり見ると、男児の抱く人形の服装が今の物と違っている。人形はパスポートや手紙と一緒に着替えも持参しており、ある時期までこの園にも着替えなど、資料があったと考えられる。

以来、二体の人形はアメリカから来た人形と分かっていたが、氏名不詳のまま園に残ってきた。その二体に「ヘレン」「エリカ」と名前が付いたのは「ミス兵庫里帰り展」の出展後。ギューリック三世が命名し、パスポートも発行された。

「ミス兵庫里帰り展」に参加した園には、新たなアメリカ人形が「平成の親善大使」として贈られ、パスポートから、園児に「ケイティー」と呼ばれ、迎えられた。

その人形の物語「ハロー、ケイティー」は、高砂幼稚園開園九〇周年記念として書かせてもらった。

人形の〝古稀〟を祝う

「青い目の人形を囲む雛祭り会」と書かれた横幕が掛かった日は、人形が日本に送られて七十年目の雛祭り会。人形の〝古稀〟を祝う会でもあった。

高砂幼稚園のホールに集まった人々の中に、初代専任園長だった村上千代子さんと、人形を高砂駅まで迎えに行った当時の園児、丸山美子さん（埼玉県在住）たち、同年の卒園生が招かれていた。

当時のままエリカを抱く九十歳の村上さんと、赤い服のヘレンを抱いた丸山さんの姿は、どちらが生徒か判別しにくいほどの歳月が経っていたが、二人の姿はそのまま七十年前と重なった。

「日系人移民博物館」へ帰国

二〇〇二年六月、カリフォルニア州ロサンゼルス、リトル東京の一角に建つ「全米日系人博物館」に、ヘレンとエリカは六カ月間、貸し出された。

この館は、人形たちが日米で交換される原因になった日本移民の記録が残されている博物館。移民から百年を迎えた企画展は「友情へのパスポート＝日米親善人形75年目の再会展」だった。「あの頃はテロもあり、無事に帰ってくるまで本当に心配でした」と、園長は語っていた。心配した関係者も渡米し、同館を訪れている。

展示されている資料の中には、差別や迫害の中、苦闘しながら働く日系移民の姿があり、笑顔の溢れた写真には、アメリカ社会に溶け込もうと懸命に生きる姿が写っていて、忘れられないという。

移民排斥運動から、アメリカと日本の架け橋にと贈り合った人形は、答礼人形「ミス大日本・

倭日出子《やまと》」や「ミス大阪」「ミス鳥取」「ミス富山」、そして戦時中も〝友情の人形〟として展示され続けた「ミス香川」など六体、日本からは「ヘレン」「エリカ」を含む七体が館内に飾られた。同年一一月、「ヘレン」と「エリカ」は、新たな人形「ミィーア」と「ヘイリー」を連れ無事に帰国。翌年の雛祭りには、この二体の人形も飾られ、雛壇は一層賑やかになっていた。

今も続く保存の絆

アメリカから来た人形の洋服は多くが古びている。

高砂幼稚園の二体の服も、小さな虫食い穴が空き始め、父兄からの申し出で、そっくりな布で作り直され、以前の服は額に入れ保存されていた。

「ヘレン」「エリカ」を前に関係者が尽きない話をしている時、答礼人形に随行した文部省の役人・関谷龍吉が書いた『お人形の日記』の初版本が無いことに気づいた人がいた。現園長は所在も知らないという。

昭和五年に発行された貴重な本は、かつてを知る元園長たちによってすぐに見つけ出されたが、この日の取材がなければ、受け継がれないまま行方不明になったかもしれない。国内の多くの資料も、こんな風に失われていったと想像された。

人形も、防空壕に入った

この園に、偶然にも、元専任園長村上千代子さんの姪、田川満里さんが勤務していた。

熱心に人形の資料を出してくれていたその人が「防空壕の中にそっと守っとったんやと、（村上さんが）よく話していました」と、これまで伝えられていない話をした。

長年、この園で何人かの元園長たちに人形の様子を尋ねてきた。人形の元の名前を記憶する人もいたし、戦時中の雛祭りにも、人形はずっと飾っていたと話す園長と、雛人形を納める箱の底に隠したという園長もいた。

そんな中、村上園長は人形を自分の意志で防空壕に入れ、避難させていたという。

二一年前に開かれた「青い目の人形の古稀を祝う会」で、懸命に「ヘレン」と「エリカ」が園にいる訳を、園児に伝わる言葉で話そうとしていた村上千代子さんの姿が蘇った。

「その時々の方法で、受け継ぐことをやって来たね」と、集まった元園長や職員たちが頷き合った。

〝幼いキリスト〟になった「メリー」

神戸市須磨区

日本キリスト教団須磨教会付属「千鳥幼稚園」を訪れたのは二度。須磨の海を右手に見て、なだらかに坂道を上がった所にその園は建つ。

一九二五年（大正一四年）創立のこの園には、二年後に人形が届いている。守られてきた人形

「メリー」が、ガラスケースに入って残っていた。

園児の前で再会

ラジオの収録時に訪れ、メリーを見た時、まず驚いたのは、持参したメリーとそっくりの顔をしていたこと。顔も名前も同じメリーを、ケースから出して向かい合わせた。八八年ぶりの対面、双子の姉妹がようやく出会えたように思え、ほっと息をついた。

背中を調べ、同じ工房で作られた人形だと確認した時、メリーが小さな声を上げた。長年、動かすことがなかったせいかと考えたが、喜んでくれているようで嬉しかった。今、日本に残る人形で、声が出せる人形はほとんど無い。

当時の牧師で園長だった岡崎岳さんの話によると、アメリカから贈られた人形だと分かるまで、メリーは毎年一二月、教会で行われるクリスマスページェントと呼ばれるキリストが誕生する劇のキリスト役として使われていたという。

「青い目（友情）の人形」だと分かってしばらくは園児や父兄に見せ、話もしたが、以降はあまり見せていないと語った。

園児たちの前で改めて二体を再会させた時、岡崎さんは、メリーを「この園の宝物」と話し始めた。

「アメリカの子どもたちがレモネードなどを売り、小さな力によって平和が作られて来たこと、メリーはその願いのある人形だということを、園児に伝えたかった」と、語ってくれた。

「青い目の人形」コンサート

二〇一七年一〇月七日、幼稚園が付属する教会で「竹中真ジャズコンサート」が開かれた。日本人で初めて、バークリー音楽院の助教授になった竹中さんは、今は世界中を回るジャズピアニストだが、千鳥幼稚園に「青い目（友情）の人形」があると知ってやってきた。

アメリカ生まれの竹中さんは、日米二つの国籍を持ち、以降に起きた自身の様々な経験が人形の経緯と重なり、演奏活動のテーマにしていると語る。しかし、この日まで竹中さんは、その人形に出会ったことが無かった。

千鳥幼稚園のメリーと、持参したメリーを前に、竹中さんは「最高、今日はこれでいい、仕事は終わった」と、人形をピアノに座らせ、抱きしめた。

コンサートは映画音楽など、平和への願いを込めた曲を弾いたが、ラストに演奏した「青い目の人形」は、彼の想いが溢れ出た演奏だった。

ここにも人形のことを伝える人がいる。再会を約束した。

一枚の写真、発見！

コンサートのプログラムに一枚の写真が載っていた。雛壇を前に一一体の人形が学校名のプレートと一緒に並んでいる。その写真は、コンサートの一週間前、掃除の時に見つかったと書かれてあった。私は主催者の教会牧師、阿部望さんに写真の撮影許可を願い出た。

その写真は今、私の手元にある。裏には、右読みで「神戸7・3・3 新聞通信」と丸い印が押

千鳥幼稚園のメリー（左）と再会。同じ工房で作られた人形でそっくりの顔をしている

1997年当時の千鳥幼稚園の「メリー」

須磨教会のコンサートで。人形を抱く竹中真さんと阿部望牧師

されていて、それぞれの人形の前には菱餅も置かれてあった。雛祭りの季節、どこかで展示されたと思われる（一二九ページに掲載）。

セピアに変色したその写真の中で、今も残る人形は千鳥幼稚園のメリーのみ。神戸幼稚園や楠尋常高等小学校など、他一〇体の人形は現在、確認されていない。

この貴重な一枚の写真を私に託してくれた須磨教会と、全ての資料を送ってくれた丹羽和子現園長に感謝し、写真の足跡を辿ってみることを決めた。

「名前不詳」から「シャノン」へ

神戸市灘区

神戸市灘区にある私立親和女子中学・高等学校は、女子教育が重要視された一八八七年（明治二〇年）、神戸で最も早く友国晴子さんによって創設された女学校。

そこに人形が一体残っていた。

ラジオ取材のため連絡を取った時には、資料は何も残っていないこと、人形への取り組みも特別していないとのことだった。

氏名も資料も不明の人形だが、大切な人形として創設者の和室に置かれていると聞いた。

頭が落ちた！

対応してくれた井坂かおる教頭に依頼したのは、親和にある人形とメリーの再会。そして同校コーラス部に「人形を送る歌」、「人形を迎える歌」を歌ってもらうことだった。

ガラスケースに入った人形が音楽室にやって来た。生徒たちが新しく作ったという白いレースの洋服を着ていたが、名前は不詳だという。

ケースから出し、メリーと再会させた後、二体の人形を生徒たちに手渡した。アメリカから日本に贈られた時、人形たちが聴いていた歌を、気持ちを高めて歌ってもらうためだった。

その時「コトン」と音がして、親和の人形の頭部半分が床に落ちた。長年の保管で糊が効かなくなっての落下だった。

修理を東京の人形店に出すよう伝えた時、女生徒の顔が安堵したのを見た。

海のあちらの　ともだちの
まことの心の　こもってる
かわいいかわいい　人形さん
あなたをみんなで　むかえます

「人形を迎える歌」に続いて答礼人形のための「人形を送る歌」が教室に流れた。

この日の国より　星の国へ
今日を門出の　人形よ
すめるまなこを　うるおさず
眉を開きて　さらばゆけ

日米で交わされた人形たちに向けた正式な歌はこのようにあったが、童謡「青い目の人形」が当時歌われていたため、この曲が人形の歌になり、今に至っている。

名前不詳のまま「同窓会」へ

甲南幼稚園で開かれた「89年目の同窓会」では、園児用の小さな椅子に座った人形たちに名前の紙が付けられていたが、親和の人形だけが学校名になっていた。

ギューリック三世に名前を付けてもらってはどうかと、人形を持参した井坂教頭に話し、三世に随行して来た人形店「吉徳」顧問の青木勝さんにその事を伝えた。

数カ月後、三世から届いたパスポートに書かれた名前は「シャノン」。

「同窓会の中で、人形たちが名前で呼ばれるのに、可哀そうだなと思っていた。シャノンという名前は、アメリカでは人気のある人形の名前だそうで、親和の〝シ〟も意識して付けて頂いたと思う」と、井坂教頭は語った。

「同窓会」は、シャノンの頭部の修復にも繫がった。青木さんの手に委ねられたシャノンは、

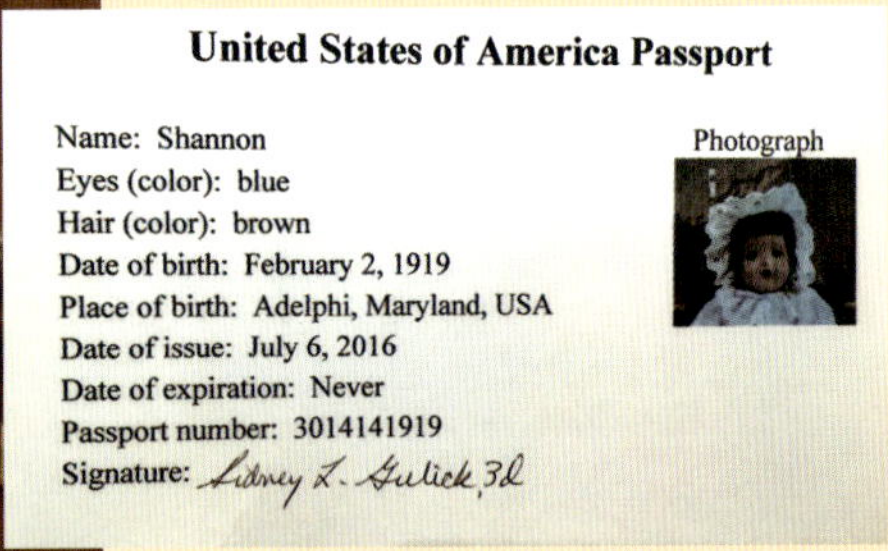

United States of America Passport

Name: Shannon
Eyes (color): blue
Hair (color): brown
Date of birth: February 2, 1919
Place of birth: Adelphi, Maryland, USA
Date of issue: July 6, 2016
Date of expiration: Never
Passport number: 3014141919
Signature: Sidney L. Gulick, 3d

Photograph

資料がなく名前も分からなかったが、ギューリック三世によって「シャノン」と名づけられパスポートも届いた

親和女子中学・高等学校の音楽室でメリーと再会。コーラス部のメンバーに「人形を送る歌」と「人形を迎える歌」を歌ってもらった

一カ月後、同校に戻った。人形に関わる人の好意の修復だった。

これで県内に、「名前不詳」の人形はいなくなった。

記念誌の写真の中にも

千鳥幼稚園で見つかった写真と同じ場所と思われる雛祭りの写真が、同校の一〇〇周年記念誌に掲載されていた。並んでいる人形は違うが、毎年、このように同じ場所で雛祭りの人形が展示されていたことが分かった。

そこに写るのは六体。須磨小学校、清風幼稚園、楠幼稚園、兵庫幼稚園、親和高等女学校、山手高等女学校、ほかに学校名が不鮮明な小学校も一校ある。

その中の須磨小学校の人形は、「新聞記事が起こした〝人形の記憶〟」に後述する、山口日那子さんから届いた写真に写る人形と良く似ている。

人形たちの県内の動きは、出て来た資料を突き合わせていくと、こんな形でクリアになったりする。眠る資料がもっと出てくれれば、人形と、人形に関わった人たちの動きも、もっとクッキリ見えてくる。

「ローズ」と、新たな人形発見

神戸市東灘区

住吉川沿いにある「学校法人甲南学園甲南小学校・甲南幼稚園」の幼稚園には、何度訪れたか知れない。持参するはずのメリーを自宅に忘れた初回訪問の対応の見事さに救われ、二度目、三度目と訪れる度に、人形に関わる出来事が大きくなり、「奇跡の一日」に繋がっていった。

伝える資料の貴重さ

この園に残る「ローズ」を取材するために訪れて驚いた。同園には、人形と共に届いた様々な品、資料が大切に保管されてあった。

「人形を受け取られる方へ」と題したギューリック博士の手紙に加え、ローズが持ってきたパスポートには「名前はローズ、目はブルー、髪の毛はブラウン」と人形の詳細が書かれ、乗客として扱われた一等の乗船切符まで付いていた。洋服は四着、そして県内では唯一、人形を送ってきた人からの手紙まで残っていた。

「親愛なる小さなお友達に
私たちはお雛祭りを祝い、飾りになるために、この小さなアメリカ人形を送ります。
この人形の名前は「ローズ」といいます。私たちは、あなた方が他の人形を可愛がる様に、この人形を可愛がって欲しいと思っています。私たちは、知らないあなた方のお国で、この人形が寂しがらないように祈っています。

「ローズ」がどんなにしているか、またお雛さまのご様子も知らせて下さい。

お祭りが賑やかでありますように。

あなた方の心からの友達

ペンシルベニア州ベトレヘム第6番街332

ロズモンド・ミッショナリー・

サークル内12名

送り主がきちんと分かる手紙が九一年前からこの園にある。しかし、迷子になった時のため電話代として持たされたという一セント硬貨はここにも無かった。

昭和二年三月と日付のある「アメリカ平和使節人形携帯書類」と書かれた紙袋には、各学校に宛てた兵庫県知事からの「送り状」、「人形受領者注意事項」、人形を迎える歌の「歌詞」と「楽譜」なども入っていた。

この園の付近は一九三八年（昭和一三年）に阪神大水害があり、四五年は戦災に遭い、阪神・淡路大震災当時は激震地だったはず。現園舎は、震災の前年に建て替えられているが、以前は木造だったというから、よく残ったと思う。

甲南幼稚園の「ローズ」（右）と新たに見つかった人形。
ギューリック三世からパスポートとともに届いた名前は「キャシー」

甲南幼稚園には「ローズ」に関わる数多くの貴重な資料が保管されている

ローズの確認と不明人形

「ローズ」をいつものように背中を開けて確かめると、色鮮やかなブルーの印字は、神戸大学のマダリン・エリザベスと同じだった。「マダム・ヘンドレン ドール216 メイドインUSA」の文字が示すように、二体は瓜二つの人形だった。

洋服を直し、起こした時だった。ローズが声を出して鳴いた。神戸大学のマダリン、千鳥幼稚園のメリーの時にも起きた現象だが、江口理恵園長は驚き、喜んだ。

その園長が「もう一体、個人から寄贈された古い人形があります」と、置かれた所に案内された。一見してアメリカから贈られた人形の条件からは外れると思った。目の開閉が無く、足が布製であること、髪の毛が描き毛であることなどから、友情の人形ではないと判断。ローズの取材に戻ったが、ふと、履いている靴が気にかかっていた。

「成長してから、分かることであっていい」

高砂幼稚園や赤穂幼稚園、山口幼稚園、千鳥幼稚園でも、取材時に、お願いして園児の前で人形たちの再会をさせてもらってきた。

二度目にこの園を訪れた時も、年長の園児たちの前でメリーとローズとの再会を見せた。園児たちは柔らかい感性で二体を受け取り、次々に人形を抱いてくれた。

最初の私の訪問の後、同園の宮下尚也《ひさや》教諭は、戦争について、原爆について園児たちに話したと聞いた。

「幼くても、それなりに理解してくれると思ったし、その事は成長してから分かる事であってもいいと思ったから」と語る。

ギューリック博士が人形に託した想いと重なっているように、私には思えた。

新たな人形発見！

三度目に園を訪れたのは、「引っかかった靴」を履くもう一体の人形を確かめるためだった。幾つか、親善人形の条件に外れた点があったため、全国に配られた人形の中に同じ人形がないかを調べ、改めて訪れた。

背中を開けて確認すると、私の持つメリーと同じ社の製品だった。洋服は黒のビロードのコート、その下に着ている夏服も手づくりで、何より多くの人形が履いている革靴が決め手になった。

県内に来た三七三体の人形と配られた数の合計が合わないことは、すでに書いた。取り置かれた人形は損傷の取り換え用だったが、損傷が少なかったため、関係者に配られたとも記した。

甲南幼稚園に届けられ、由来不明のまま残った人形は、推測だが、このような経緯で個人蔵になっていた人形と思われる。

江口園長の話によると、随分昔から園にあるという。幼稚園に「友情人形」があることを知る誰かの寄贈と思われた。

ギューリック三世の命名と訪問

こうして県内に新しく十一体目の人形が加わった。

しかし、ローズと違って資料も何もないことから、三世に命名してもらうよう、再び青木勝さんに依頼した。

三世から届いたパスポートの名前は「キャシー」。親の署名欄には三世と妻ナンシーさんの署名が入っていた。

甲南幼稚園は、これで高砂幼稚園と並んで「友情の人形」を二体持つ園になった。程なくして、名付け親になった三世夫妻が来日し、幼稚園を訪れるという連絡が入った。

夫妻が同園を訪問する日、県内に点在する人形たちが集まり、神戸に来て初めての「同窓会」を開くことを同園と相談。

この日に起きた嘘のような、奇跡のような出来事は「オバマ大統領と八九年目の同窓会」に詳しく記す。

横浜に転居した「エレナ」

三木市・横浜市

三木市の個人宅にあった「エレナ」を「横浜人形の家」に訪ねたのは三年前になる。一九九八年一〇月に寄贈された人形は、収蔵庫の中から出て来た。

姉妹のように再会

「ミス兵庫」里帰り展の時には、兵庫の人形として展示されていたエレナだが、その時の損傷から、持ち主は人形の安全な保管を考え「横浜人形の家」に寄贈を決めている。

エレナは、すでに横浜市に財産登録され、公式に「横浜人形の家」の人形になっていた。

「エレナ」に付いている資料によると、名前は「エリーネ・ジェーン・プーリッジ」。パスポートナンバーは5220。

その人形がなぜ「エレナ」と呼ばれているのかは分からない。

「横浜人形の家」のエントランスで、持参したメリーとの対面セレモニーをしてもらったが、エレナもメリーと同じ社の製品で、よく似た顔をしていた。同館を訪れた観客が拍手する中、まるで姉妹の再会のように見えた。

三木市の西台さん宅にはレプリカや写真が飾られている

今は「横浜人形の家」が収蔵する「エレナ」

「横浜人形の家」の館内で「エレナ」と対面するメリー

受け継いでいく事

エレナが兵庫で暮らしていた足跡を辿って、三木市の西台士郎さん宅を訪ねた。そこにはエレナのレプリカと、パスポートや手紙、書類等、県内で活動した資料などがコピーされ、きちんとファイルされていた。

それによると、西台さんの曽祖父、来太郎さんは、親和女学校の教師をしていたころ、女子教育の重要さに気づき、兵庫区会下山に「菊水家政女学校」を開いている。付属の菊水幼稚園は、人形が神戸港に着く前年に開園。翌年、神戸市内の殆どの女学校に人形は配られている。当時は、女子教育が盛んになった時代でもあった。

人形が三木市に移ったのは、戦争末期。学校を閉じ、疎開を兼ねて実家がある三木市に西台家は引っ越している。

取材当初、戸惑いを見せていた西台さんだったが、「こういう機会がなければ、ガラスケースに入って棚の上に置かれていた人形や、祖父の言葉を思い出すこともなかったし、寄贈を決めた両親の話を聞くこともなかったかもしれない。大きな役割を持つエレナが我が家に居たこと、これも私が受け継いでいく事の一つだと思えた」と、語った。

セントジョセフ博物館の「ミス兵庫」

アメリカ・ミズーリ州

ミズーリ州はアメリカのほぼ中央部にある。「ミス兵庫」がいるセントジョセフという町は、その州の北西部、カンザス州との州境になる。

一九二九年四月八日、日本からの答礼人形「ミス兵庫」は、この町の子ども博物館（現セントジョセフ博物館）に贈られた。

帰国した「ミス兵庫」の今

「ミス兵庫」が暮らすセントジョセフ博物館には、パスポートや切符、金屏風、抹茶茶碗三個などの道具類は殆ど残っているが、共にアメリカに行ったはずの妹人形は見当たらない。

修復と里帰りを終え、九七年五月に博物館に戻った時の「ミス兵庫」の写真がある。

博物館主催で開かれた帰国記念展示では、館内二階の部屋に置かれたガラスケースに道具類と一緒に飾られている。高砂幼稚園から送られた帰国のお土産、千代紙で折られたお雛様もケースに入って飾られた。

ゴシック風の白く美しい博物館の玄関で開かれた開会式には、ギューリック博士の孫のギューリック三世夫妻、ミズーリ州セントルイスに住んでいた渋沢栄一の曾孫、芳昭さんも訪れている。

日本から答礼人形として贈られた「ミス兵庫」（左）
とミズーリ州セントジョセフ博物館

セントジョセフ博物館で人形と一緒に贈られた道具類とともに展示された「ミス兵庫」

「ミス兵庫」は本当に「ミス兵庫」？

答礼人形を全米に訪ね歩いた武庫川女子大学日本文化センターの高岡美知子さんは、自身の著書の中で、一九九九年二月のネブラスカ州立大学博物館発行のニュースレターに掲載された記事から、ネブラスカにある「ミス三重」が現「ミス兵庫」にそっくりであることに気付いたと書いている。

半襟のデザインなどの特徴を調べ、この「ミス三重」が本来兵庫から贈られた「ミス兵庫」と思うと述べながらも「確定出来ないのは、答礼人形はアメリカ到着以来、相当な取り違えが起き、まだ特定出来ていない人形が残るから」と述べる。

そして、セントジョセフ博物館にいる「ミス兵庫」は、これからも「ミス兵庫」として、同館の窓から故国の花、桜を眺めることになる。

人形たちが繋いだ絆

人形に寄り添った人々の記憶

時代の波の中、兵庫県内で暮らす人形たちとアメリカに渡った「ミス兵庫」は、人形の使命を引き継ぎ、繋いできた多くの人たちと共に「使命の旅」を続けてきた。

今に繋がるその旅の記憶。

◎——高岡美知子と「答礼人形」の旅

武庫川女子大学が一九九〇年秋、アメリカ、ワシントン州スポケーン市に開校したのは「ムコガワ・フォートライト・インスティチュート」。その分校に併設された日本文化センター館長となった高岡さんは、渡米から二年後、市内にあったチニー・コールズ博物館（現ノースウエスト芸術文化博物館）で衝撃的な出合いをする。

頑丈な皮のトランクに寝かされ、胸と膝の辺りをベルトで固定された答礼人形「ミス徳島」との出合いだった。

彼女はその時まで「答礼人形」のことも「人形交流」のことも何も知らない人だったが、「母のような気持ちになった」と、当時のことを高岡さんは語る。そこから彼女は考え始めた。

六五年前に人形が贈られた訳は何か？

五八体贈られた人形の数の根拠は？

当時の日米関係は？

大戦中の答礼人形は？

現在アメリカに残る二六体以外の人形の行方は？

次第に湧く疑問と共に、答礼人形をアメリカで探すことを自分の使命と決めるまで、それほど時間は掛かっていない。

その活動は次第に具体化し広がっていく中で、「ミス長崎」「ミス三重」「ミス長野」など、アメリカから日本へ、答礼人形の修復や里帰りにも深く関わり、「ミス兵庫」のいるセントジョセフ博物館は度々訪ねている。

故郷の人形の里帰りを願い、帰国許可が下りるその直前、阪神・淡路大震災が起きた。

里帰りは不可能かと思われる状況の中、高岡さんのこれまでの行動や熱意に多くの支援が集まり、「ミス兵庫」の帰国は実現した。

その様子は「〝震災の灯に〟と『ミス兵庫』里帰り」にある。

高岡さんが館長を務める日本文化センターは、恒例の雛祭りイベントも含め、日本の文化を紹介するだけでなく、次第に現地の人々が親しく訪れ交流する場所になっていった。

人形を探す旅をアメリカ国内で続けながら二〇〇四年、文化庁から指名された「文化交流使＝アメリカ大陸担当」として日本を伝える様々な活動もしている。

その核になったのが、「ミス徳島」に出合った時の使命感であり、それを証明するかのように、人形に関わる多くの人に、高岡さんは丹念に手紙を書き送っている。

答礼人形の送別会で、兵庫の代表少女になった中西照子さんに宛てた手紙は、人形の旅の締めくくりを示し特に印象深い。

「私は今、本を書いています。『アメリカに答礼人形を訪ねて』という私の一生に一冊の本です。勿論、中西さん、何度も出ます。表紙は『ミス兵庫』にするつもりです。（中略）大変な資料と格闘しています。日本語で出した後に、英語版も出したいのです。遠大な計画です」。

想いと共に答礼人形を探して全米を巡ったその詳細を書いた本は、二〇〇四年三月『人形大使―もうひとつの日米現代史』とタイトルを変え、高岡さんが願った通り「ミス兵庫」が表紙を飾り、カバー裏には中西照子さんが「ミス神戸」を手渡している写真が載る。

高岡さんは、この本の中で、当初に持った疑問を、答礼人形を探しながら克明にほどいた。

そして、「ミス徳島」と出合った当時、アメリカ国内で二六体しか確認されていなかった答礼人形は、二〇〇〇年一一月、高岡さんが「人形探しの旅」を終える時点で四四体が確認されている。

そして二〇一七年現在、答礼人形の現存数は四六体に増えた。

70年ぶりに帰国した「ミス兵庫」里帰り展のポスター

日本の文化を子どもたちに紹介する高岡美知子さん（ワシントン州スポケーン市・日本文化センターの雛祭りで）

ギューリック博士の孫・ギューリック三世と、渋沢栄一の曾孫・芳昭さん。1997年、セントジョセフ博物館で

高岡さんの「使命の旅」を繋いで歩く人がまだいる。

◎──〝震災の灯に〟と「ミス兵庫」里帰り

一九九六年一〇月、「ミス兵庫」が成田空港に到着。吉徳人形店で修復に入った。

この流れは、前述の武庫川女子大学アメリカ分校、日本文化センター館長、高岡美知子さんの働きかけから始まっている。

当時の武庫川学院日下晃学院長は、この「里帰り事業」を学院として受け入れ、その流れは次第に県内に広がっていった。

九三年八月二四日、神戸新聞に「『ミス兵庫』の里帰り」の記事が載ると、姫路市のベイカ保育園（現認定こども園ベイカ）、市立赤穂幼稚園から青い目の人形が発見され、県内に残る人形数は、この時点で九体（千鳥幼稚園、三木市個人所有、親和女子中学高等学校を含む）に増えていた。

「ミス兵庫」のいるセントジョセフ博物館に里帰りのための貸し出し許可を打診する一方、日本でも「里帰り促進委員会」が発足。気運が高まった九五年、阪神・淡路大震災に見舞われた。

人形が里帰りする余地など無い中断が一年余り続き、多くの死者と災害で混乱する状況の中、エールはアメリカから起きた。

衛星版「読売アメリカ」が「ミス兵庫」の里帰りを「被災者の心の灯に」と、記事にしている。兵庫県への見舞いと励ましの使節として「ミス兵庫」を帰す募金と支援のキャンペーンがアメリカ各地で起こった。

カンザスやシアトルの領事館を始め、日本企業の親睦団体に加え、ギューリック博士の孫のギューリック三世、セントルイス市に住む渋沢栄一の曾孫、芳昭氏の献身的な協力は、募金活動の原動力になった。

六七〇〇ドルを超す募金が集まったアメリカ側の動きに応えるように、九五年一二月、県内でも武庫川学院の日下学長を委員長に「里帰り実行委員会」が発足。九六年一〇月、「ミス兵庫」は修復のために成田に到着。浅草にある（株）吉徳人形店に向かい、修復に掛かったが、この時初めて「ミス兵庫」の製作者が「滝沢光龍斎」であることが判明した。

一九九七年三月一九日、修復を終えた「ミス兵庫」が七〇年ぶりに兵庫県に帰郷。レセプションには、県知事、米国総領事、セントジョセフ博物館館長夫妻、武庫川学院長夫妻、人形の吉徳、ユナイテッド航空代表など多くの来賓、実行委員会メンバーや協力者たちが集まって開かれている。

そして、兵庫側の日程はすでに決まっていた。

三月二〇日（木）～二五日（火）
大丸神戸店八階催会場展示
三月二七日（木）～四月七日（月）
兵庫県立子どもの館展示

この県内の催しに要する資金の調達は、県民の気持ちを寄せた「里帰り展」にしたいとの趣旨から、「ミス兵庫」と県下に残る「友情の人形」を絵はがきセット（五〇〇円）にし、二万組（一千万円分）を買ってもらう方法が取られた。

「友情と平和」の願いを子どもたちに託そうとしたギューリック博士の意志に倣ったその方法は、多くの幼児教育関係者を動かし、「手をつなぐ花の会」代表で県立子どもの館館長でもあった大塚歌子さん達の献身的な活動がそこにあった。

県内二カ所の展示には一万人以上もの人が訪れ、展示を終えた「ミス兵庫」は、多くの土産品を携え、再び使命を抱いて、アメリカに戻って行った。

◎――戯曲「フレンドシップ・パスポート」

これまで、人形を扱った本格的な舞台は無かったかもしれない。

「フレンドシップ・パスポート　～友情は時代と海を越えて～」の舞台風景

姫路市書写の里・美術工芸館で開かれた「世界平和大使人形展」に来館した園田天光光さん（2008年4月17日）

戯曲「フレンドシップ・パスポート〜友情は時代と海を越えて〜」（原作・脚本西村恭子）は、高砂幼稚園（現高砂こども園）にあるヘレンとエリカという二体の人形をモデルに創作した。県内に残る人形に起きた実際の出来事も組み込み、映像と生演奏の音楽によって舞台効果を上げる演出になった。

主人公は、幼稚園を訪れた中学の女子生徒二人。人形が歳月を超えて残るその意味を次第に理解し、やがて人形の使命と願いは、決して自分たちの今と無関係ではないことを知る物語に仕上がった。

初演は二〇〇三年一〇月、加古川市民会館。高砂文化会館は翌年四月四日。朝来郡朝来町では二舞台を同年一〇月二四日に上演。

観客の若者が「人形が有る事の意味が良く分かった」と、伝えてくれた。

舞台のことを特集した朝来の広報紙には、町民からのこんな声も寄せられていた。

・Sさん（八五歳・女性）

「先生から一人ひとり人形を抱かせてもらいました。可愛い人形で「ママー」と声を出し、本当にうれしかったのを憶えています」

・Tさん（八九歳・男性）

「歓迎式が講堂で開かれ、演台の中央に人形を置き、首席（教頭）の先生から『平和と友情』のお話しがありました」

・Kさん（八七歳・女性）

「歓迎式が開かれ　♪海をはるばる渡りきて、ここまでおいでの人形さん。淋しいようにはいたしません。あなたをみんなで迎えます♪　と歌いました」

二〇〇六年一一月、広島県三次市の市立三次中学校の「中学生芸術鑑賞会」に招かれた時は、朗読劇に書き直して上演した。

◎――姫路市での「世界平和大使人形展」

女性初の衆議院議員だった園田天光光さんから「ここに同志が一人おりました」と、突然掛かってきた電話は、人形の繋がりからだった。

以降、生前最後の取材は、ラジオ放送「メリーの旅」の収録だったと思う。

園田さんが自身で最後の仕事と決めていた「世界平和大使人形の館」建設のために、全国で開催していた「世界平和大使人形展」を姫路市書写の里・美術工芸館で開いたのは、二〇〇八年四月一七日から四日間。

この人形展をする背景になった出来事は、一九七八年（昭和五三年）までさかのぼる。

終戦記念日に開いた「青い目の人形展」で飾られた三百体余の人形の中で、一人の男の子が「ここにはアメリカと日本の旗しか無いけど、世界中の旗が並ぶといいね」と言ったその言葉を、園田さんは生涯忘れなかった。

翌年は「国際児童年」。

「世界の平和は子どもから」を標語に、園田さんは「世界平和の人形展」の委員長を務めた。そして今度は、日本から平和と友情を願う人形を贈る「人形交流計画」を立てている。資金は家庭に眠る「一円玉募金」を募り、当時日本と外交関係にあった百カ国の大使館に男女二体の日本人形とメッセージ、パスポートを届けた。

内戦の続く当時のイスラエルは、人形を贈ることを最後まで躊躇した国だったというが、「最初に『返礼人形』が届いたのはそのイスラエルからだった」と、園田さんから何度も聞いた。戦火の中、リュックを背負い逃げられる格好の男女二体の人形は、園田さんのその後の活動に大きな影響を与えたと思われる。

五七カ国から届いた返礼人形、一一七体を収蔵する館を造る基金のために、「世界平和大使人形展」を全国で開催し続けていた。

短い期間だったが、東京からも多くの関係者が寄り、市長始め天光光さんの活動を支える人たちが姫路に集まった。

◎――「青い目の人形メリー、再会の旅」ラジオで制作

この放送は二〇一五年一月八日から三月二七日まで、一三回にわたりラジオ関西で放送した。タイトル通り、播磨町で平和大使の任命を受けたメリーが、県内に残る〝友達〟を訪ね、八九年ぶりの再会を果たしていく番組構成だった。

人形が送られてくることになった経緯から始まったこの放送は、人形と共にそこに暮らし、側に居た人々を訪ねる旅でもあった。すでにこの世に居ない人たちも含め、人形の意味を知り、人形の使命を伝え、繋いで来た人が居たからこそ人形が残った事を、訪れた先々で実感した。言葉を発しない人形の声を伝えてきたのは、身近な人間なのだと知る旅。

その放送の中で、甲南幼稚園に長くあった人形と、神戸大学に東京から来た「マダリン・エリザベス」という人形二体が「友情の人形」であることが判明した。

新たな人形二体の発見は、大きな出来事になり、現在一一体の人形が兵庫県内に確かにあると、確認する旅になった。

そして何より、この番組が多くの人の基金によって放送されたことは大きい。ギューリック博士が起こした草の根の活動にも似て、たつの市、朝来市、姫路市、高砂市、加古川市、播磨町、三木市などの個人、団体から寄せられた基金によって番組を制作、放送した。

そして、その年の優れた報道番組として第三九回「井植文化賞」（報道出版部門）の受賞に繋がっ

たが、この賞は、人形と人形に関わった全ての人に与えられた賞だと思う。

◎──「ミス静岡」が「ミス神戸」の着物を着ている？

ラジオ放送を聴いた静岡の方から、「ミス静岡」の着ている着物は元「ミス神戸」のもの、という情報が入った。

二〇一七年、答礼人形「ミス静岡」は故郷に里帰りしていた。その「ミス静岡」が着ている着物には神戸市の市章「錨」が紋として付いていた。

一枚の新聞写真がある。

二〇〇二年七月、「ミス兵庫」のいるミズーリ州セントジョセフ博物館で「友情の人形・中西部答礼人形の再会展」が開かれている。ここに同じミズーリ州のカンザスシティ博物館から「ミス神戸」の着物を着た「ミス静岡」が参加していた。「ミス兵庫」と並んだ写真の中に「ミス神戸」の着物が写っている。

どうして「ミス静岡」が「ミス神戸」の着物を着ているかは、すでに判明していた。

渡米時「ミス静岡」の着物がひどく退色していたため、「ミス神戸」の所有者となった仏教寺院博物館のアーサー・ラーネット氏が着せ替えを申し出て交換した記録が残る。

その後、ラーネット氏は「ミス神戸」をコネチカット州のスタンフォード博物館に寄贈するが、同館が六〇年代に「ミス神戸」を売却。その後行方不明になっている。

だが、同じミズーリ州内に「ミス神戸」の着物を着た「ミス静岡」はいた。

今回里帰りした「ミス静岡」の着物は静岡の人々によって新調されたため〝錨〟の紋をつけた「ミス神戸」の着物はそのままアメリカに戻された。

これにより「ミス神戸」は、その姿も着物も見ることが出来なくなった。

◎——オバマ大統領と「八九年目の同窓会」

二〇一六年五月二六日、この日は、甲南幼稚園のホールに多くの報道陣が詰めかけていた。

同園を訪れるギューリック三世夫妻の日程に合わせ、神戸港に上がって以来出会う機会の無かった人形たちの「同窓会」を開くことになっていた。

そして、その日が、偶然にも伊勢志摩サミットを終えたオバマ米大統領が広島を訪れる日と重なった。

ホールに集まった人形は八体。高砂幼稚園の「ヘレン」と「エリカ」、赤穂幼稚園の「ローズマリー」、山口こども園の「メリー」、親和女子高等学校の一体に甲南幼稚園の「ローズ」と「キャ

アメリカから里帰りした「ミス静岡」。神戸の市章がついた「ミス神戸」の着物を着ている

甲南幼稚園で開かれた「89年目の同窓会」（2016年5月26日）
人形に囲まれたギューリック三世（上）。甲南幼稚園のホールには兵庫各地から友情人形たちが集まった

シー」、平和大使の「メリー」。千鳥幼稚園の「メリー」は、健やかに暮らしていると知らせが届いた。

人形たちには、それぞれ寄り添って来た人たちがいた。長く関係者として人形に関わった元県立子どもの館館長、大塚歌子さん、武庫川女子大学付属中学・高等学校の元校長、上田武久さん、甲南幼稚園で人形の側に居た元園長だった方々も来賓として招かれていた。

人形と関係者は、互いに八九年ぶりの再会と交流を果たした後、三世夫妻を出迎えた。

夫妻は幼稚園に人形を贈り、園児たちは歌で歓迎をした。

交流を終えた三世は「祖父の贈った人形に、これほど多く出迎えられたことはこれまで無かった。ここには祖父ギューリックの精神が満ちている」と、語った。

同窓会の模様は、この夜NHKの「国際報道」で世界に流された。

「オバマ大統領が広島を訪れた日、日本ではこんな小さな人形の集まりがあった。この小さな人形、実は平和と友情の願いを込め、八九年前に…」と。

翌朝には、同局の「おはよう日本」「週刊ニュース」や新聞紙面などでも取り上げられた。

八九年前、神戸の港で別れたまま、会うことの無かった人形たちを会わせたいと開いた「同窓会」だったが、この予想外の出来事、「大統領の広島訪問」は、戦時を生き延び、災害を越えてきた全ての人形たちと関係者にとって、まるで〝奇跡〟のような一日になった。

◎――セピア色の写真に写る人形を探す

日本基督教団須磨教会から預かった古い写真には、雛壇の前に須磨教会付属千鳥幼稚園のメリーを含む一一体の人形が並んでいた。

そこに写る人形は確かに神戸に存在していた人形。その所在を追ってみようと、統合された学校も含め所在地を確認し、照会の手紙を出した。

直ぐに電話が掛かったのは善隣幼稚園。日本基督教団聖愛教会の付属だったこの園は、二十年ほど前に閉園されていたが、教会は、人形が同園にあったことに驚き喜んでいた。園の資料も教会にあるから、整理の時かもしれないと語っていたが、その後に届いた手紙には「教会の古い資料は空襲で全て焼け、関係者にも人形のことを尋ねてみたが分からなかった。却って貴重な写真のコピーを貰い『青い目の人形』に思いを馳せている。一体でも多く人形との出会いがありますように」と、結ばれてあった。

多聞小学校は、統合で祇園小学校になっていた。教頭先生からの電話は、資料、人形共に残っていないとのことだった。若松小学校は、当時の正式名は「若松高等小学校」で、現長田中学校だと神戸市教育委員会が調べてくれたが、長田中学校から駒ケ林中学校だと連絡が入り、改めて同校に手紙を送った。

同校の川島正和校長から電話があり「資料、人形共に学校には無いが『青い目の人形』について記憶していることがある」と、下記のように話してくれた。

「かつて英語の塾をしておられた男性が、青い目の人形のことを英文で書いた本を持って本校を訪れ、これを使って英語の授業をしてみてはどうか、と言われたことがあった。置いて帰られたその本を使うことは無かったが、この時、人形の事を話されたことを思い出した」と。

市立第二高等女学校は、須磨翔風高等学校と校名が変わっていた。渡邊孝子教頭からの返信は「戦火や災害を越えて生き残った人形の交流を後世に残すことに感銘。残念ながら本校には資料となるものは残っておりませんが、応援させていただきます」とあった。

北野小学校は、諏訪山小学校、神戸小学校と併合し「こうべ小学校」になっていた。神戸小学校の歴史は一三〇年、こうべ小学校になってからは創立二〇年だという。

資料探しは、空き教室に三校の古い資料があると案内され、まず探した北野小学校の資料は殆ど無く、諏訪山小学校も何も無いように見えた。

神戸小学校の場所には明治からの資料が多く残り、アルバムの中に雛人形を飾った写真が見つかった。「第四回英語會昭和八年三月三日　本校、カナディアン・セント・メリーミッション聯合」の文字が読めた。万国旗が飾られた講堂で和服の踊り、歌、チロル風の衣装で歌う姿の写真が五枚並ぶ。

その舞台の右隅に置かれた雛壇の下に西洋人形が何体か置かれてあった。

大きな写真だが、人形の写りは小さい。拡大を重ねた結果、一体がそうではないかと思われた。

それを裏付けたのは、一九七四年に神戸小学校同窓会が発行した神戸小学校開校九十年記念文集

「神戸校九十年」の中に「青い眼の人形」と題し芥川淑子（旧姓持館）さんが書いた一文が載っていた。

「（前略）裁縫室には夢殿のような大きな六角の飾り棚があってアメリカの人形使節として来た可愛らしいアメリカ人形が飾ってありましたが、服が古びていましたので私は新しい服に着せ替えようと、いろいろ作りましたが、未熟で飾りにならないので、本職に頼んで縫ってもらったお恥ずかしい先生でした。（後略）」

確かに、神戸小学校に人形は贈られ、国際色豊かな雛祭りが何年間も開かれていたことが分かった。

その過程で四校分の資料を探すことになったのは、写真の人形を追っている事を知った友人が、自身の子供が通う神戸市立中央小学校に声を掛け、資料を探す許可を取ってくれたから。中央小学校は吾妻、若菜、二宮、小野柄の四校が合併した小学校。

資料がある教室には、四校の資料が学校別に見事に整理されていた。納まる箱や積んだ資料を次々に開けて調べていくと、一九三八年三月三日、吾妻小学校の雛祭りの写真二枚に「友情人形」らしい人形が置かれていた。

二宮小学校の資料には、創立六十周年、同七十周年記念誌に「昭和二年四月四日、アメリカ人形歓迎の雛祭り挙行」と載っており、児童が持ち寄ったと思われる人形たちの中央に人形が立っていた。

この写真は二宮神社のホームページにも掲載されていたため、帰路、神社に立ち寄り確かめた

須磨教会で見つかった古い写真には11体の人形が写っている。右から神戸幼稚園、善隣幼稚園、多聞小学校、御蔵小学校、若松小学校、市立第二高等女学校、楠尋常高等小学校、城口幼稚園、水木小学校、千鳥幼稚園、北野小学校

二宮小学校の創立記念誌に「アメリカ人形歓迎の雛祭り挙行」とある。中央に立つのが贈られてきた人形と思われる

が、分からないとのことだった。

若菜小学校と小野柄小学校の資料は、他の二校に比べて極端に少ない。

若菜小学校は、昭和一五年に火災で校舎を失い、昭和二〇年六月の神戸大空襲によって、再建した校舎共々、貴重な学校の歴史を伝える資料まで失ったと記述されてあった。

小野柄の資料の乏しさも恐らく空襲などの事情によると判断した。

神戸市には九〇体もの人形が贈られている。その中で、今も残るのは甲南幼稚園、親和女子高等学校などの五体のみ。戦火、水害、震災と、神戸は何度も被災してきた。その余波は、人形にも大きく及んでいた。

*

◎——新聞記事が起こした〝人形の記憶〟

二〇一八年三月一〇日、神戸新聞朝刊に人形の資料を探しているという記事が載った。記事を読んだ多くの方の中から、了解を得た方のみ掲載させて頂くことにした。

神戸で最も古い小学校に人形の記録があると、連絡があったのは神戸市立「明親小学校」に十年前まで勤めていたという中野照雄さん。創立六〇年の記念誌を作り、資料室も作ったという。そこに、全校生徒が人形を迎え集会をしたという記録があると語っていた。

同校に連絡を取ると小野徹教頭から数日後、コピーが送られてきた。それは「明親小学校創立六十周年沿革誌」に「三月三日　米国より贈り来れる人形の歓迎會を県立高等女学校で開催に付き児童代表者拾名を出席せしむ」とあり、同月一四日には「アメリカ人形歓迎會を開く」の記述もあった。

県立神戸第一高等女学校で開かれた人形の歓迎会には、神戸市内の各学校から一〇人の生徒代表が参加したという記述が残っており、明親小学校の資料によって事実が裏付けされた。

*

須磨の山口（旧姓中西）比那子さんからの連絡は大きな発見だった。

山口さんは大正一一年生まれの九六歳。人形が届いた昭和二年当時は五歳。山口さんの話は、当時まだ珍しかった幼稚園の話から始まった。

「私立須磨幼稚園（現睦幼稚園）の二回生で、お手伝いさんに送り迎えしてもらって通っていた。昭和二年、日本人形をアメリカに送るため、朝早くから着物を着せられ、幼稚園の総代として人形を抱いて写真を写した。

年長さん（多分小学生）二人、年少さん（幼稚園生）二人の四人で月見山の須磨写真館で撮影した。私がアメリカに送る日本人形を抱き、他の方がアメリカから来た人形を持ち、両脇の方が日本とアメリカの旗を持って写した。その写真を差し上げたい」

四日後に届いた山口さんの写真には、人形を抱く当時五歳の山口さんが写っていた。

その隣で抱く友情人形を見た時、親和女子高等学校百周年記念誌に写る須磨小学校の人形と酷似していることに気付いた。山口さんに確認の電話を入れたが、記憶されていなかった。

旗を持つ両隣の生徒は、どうみても小学生と思われ、人形は須磨小学校に贈られた人形ではと推測する。

そしてもう一体、山口さんが抱いた日本人形が本当にアメリカに贈られた人形だったのかどうか、送別会の写真で確かめた。答礼人形二体が並ぶその下段に多くの道具類が置かれ、その真ん中に、まるで妹人形のようにして立つ姿が写っている。

当時の状況と山口さんの話を総合すると、当時「ミスコウナン」などの名前を付けた小さな何体かの人形が、「ミス兵庫」と「ミス神戸」に付いてアメリカに渡ったと思われる。着物の模様が判然としないため、山口さんの人形と確定ができないのは残念だが、貴重な未発見の資料だった。

＊

新聞を見て、電話したくなったと匿名希望のAさんからも連絡が入った。

岡山県津山市の料亭の娘として裕福に暮らしていたが、夜逃げをする事態になり、小学校を三回も転校したが、どんな時も祖父が買ってくれたアメリカ製のキューピー人形と本は離さず持っ

日本人形を抱いて写る山口比那子さん（右から2人目）。隣の女の子が抱くのがアメリカの友情人形

両國旗の前で

お人形の送別會

日本とあめりかの少女が

可愛い握手を交しました

1927（昭和2）年10月13日、県立神戸第一高女講堂で行われた「ミス兵庫」「ミス神戸」の送別会。人形の前で握手する中澤照子さんの写真は、大阪朝日新聞神戸版の記事にある写真とまったく同じだった。

ていた。

最後の小学校で「アメリカの人形を持っている」と、校庭に人形や本を投げ出され、長刀で突かれ、焼かれたと語った。

「当時のことを思うと、胸が一杯になります。今でもあの人形が焼かれたことは忘れたことはありません」

話すAさんの声が震えていた。

＊

長田区の中澤淑子さんから掛かった電話は、思いがけない内容だった。

義姉、中西（旧姓中澤）照子さんが幼稚園の時、答礼人形二体をアメリカに送る際、振袖を着て、アメリカの少女と握手した写真など、資料が沢山あるとのこと。

二日後、中西照子さんの自宅を訪ねた。中西さんは一昨年亡くなっており、娘のきみ子さんと中澤さんとで、残された資料を開いた。

出てきた写真はあまりに有名な写真だった。「ミス兵庫」と「ミス神戸」を送る送別会の代表として人形を送る少女の写真。この少女がどのような経緯で、人形を贈る代表になったのか、ずっと分かっていなかった。

二人の話によると、中西さんの祖父はアメリカやカナダなどと取引する貿易商で、兵庫区の清盛塚近くで「平安幼稚園」を経営していたと言い、そんな関係から照子さんが人形を渡す役目になった状況が理解できた。

二人の話を辿ると、当時五歳だった中西さんは、舞台上で大人に手伝われ「ミス神戸」をアメリカ総領事の娘ドロシー・ホアさんに手渡している。

それから七〇年後の「ミス兵庫里帰り展」に、七五歳になった中西さんは、「送別会」の写真を持ち、神戸大丸、県立こどもの館の会場に日参した。

武庫川学院の高岡美知子さんに頼まれ、当時の事を訪れた人たちに語っているが、自分が手渡した「ミス神戸」の重さ、大きさ、着物の手触りが忘れられなかったという。

「里帰り展」が終わると、中西さんは行方不明で帰国できていない「ミス神戸」を探す旅に出ている。サンフランシスコからギューリック三世に会い出かけ、ニューヨークでは「ミス神戸」を私有したアーサー・ラーネットの孫で「大草原の小さな家」の父親役を演じる俳優マイケル・ランドンにも会いに行った。

彼女から祖父の家のガラスケースの中にあった「ミス神戸」の話を聞き、人形がスタンフォード博物館に寄贈された事を知ると、同館を訪れた。しかし、人形は売却されていて、消息はそこで切れる。

「ミス神戸」探しの最後、中西さんが向かったのは、カンザスシティ博物館。そこには、かつて中西さんが手渡した「ミス神戸」の着物を着た「ミス静岡」が、ケースの中に立っていた。もう、触れることの出来ないその着物を確かめ、中西さんは帰国する。

五歳から持ち続けた中西さんの「ミス神戸」への想いは、七十年後の旅で終わった。

これらの資料は、家族から譲り受けることになった。

＊

朝来市立生野小学校からは貴重な「贈呈式」の写真が見つかった（一七ページに掲載）。同町の杉浦康夫さんから、小学校の中にある同窓会（成徳会）の資料の中に、人形と生徒のお祭りの写真と、子どもの作文があると連絡が入った。

成徳会の会長、桑田祥夫さんと生野小学校の教頭先生が見つけてくれたのは額に入った貴重な写真。県内にまだ一枚も見つかっていない、人形を贈呈している写真だった。

振袖で正装した女生徒に男性から人形が手渡されていた。渡されている人形の胸元にパスポートが掛かっているのが分かる。雛壇の後ろに張った幕の裏は奉安殿（天皇の写真が入っている）があるという。

小学校にアメリカ人形が届いた日、朝来はまだ寒かったのだろう。生徒たちは綿入れの背中を見せて並んでいた。その写真には、

「昭和三年二月二九日　アメリカより「青い目の人形」が贈られ講堂で雛祭りが行われた」

こう書かれてあるが、この日付が気にかかった。

神戸港に荷揚げされ、各地に配られたのは昭和二年の三月七日から。この流れから察すると、生野小学校に人形が届くのに一年近く掛かったことになる。まだ生徒が書いた作文は探せていないから、その作文の中に新たな手掛かりがあるかもしれない。

当時、朝来郡には五体の人形が届いていて、山口こども園の「メリー」もその中の一体。

桑田さんが、戦時中の生野の話を付け加えるようにしてくれた。それによると、生野は銀山があるのに空襲を受けていないのだという。

「当時、一般には知らされてないが、生野には、アメリカ人捕虜が居り、銀山で働いていたか、働かされていたからしい。戦争が終った翌日（昭和二〇年八月一六日）、生野の上空にアメリカ軍のヘリコプターが飛来。捕虜になっていたアメリカ兵へ支援物資が届けられた」

と語り、アメリカ軍は、そこまで調べて戦っていたとも話した。

そんな生野の中に、母国から贈った「友情の人形」があることをアメリカ兵は知っていたかと、ふと考えた。

＊

神戸市森林整備事務所の道木柳太所長から掛かった電話は意表を突くものだった。

ギューリック博士の親戚から〝外国人墓参〟に来る申請が出されているが、この新聞記事をアメリカに送ってもいいかという問い合わせだった。

記事は、ギューリックの子孫に届けられた。そして、起きたことがあった。

「明日へ」に記す。

明日へ

日本の各地には、人形に関わった多くの人がいる。人形を通して明日へ繋がる願いを込めて今も活動している。

そのピースの一つ、「兵庫の人形」に関わる幾つかを記し、やがてそれらが未来を広げてくれることを願う。

◎――ギューリック三世夫妻が贈り続ける「新青い目の人形」

一九八六年（昭和六一年）五月三一日、「横浜人形の家」の開館式に来日したギューリック三世夫妻は、後日京都市の本能小学校（現京都市立高倉小学校）に保存されていた人形「メリー」を訪問した。

夫妻は、五九年前、祖父が贈った人形が同校に大切に残されていることに感激し、持参した人形を生徒に贈っている。

その時、子どもたちの目が輝いたのを見つけた夫妻は、「そこに愛が見えた」と語り、祖父ギューリックの人形事業の意義を再確認。自分たちも新しい人形を贈らなければと決心をしたという。

それから三二年、妻ナンシーさんが手作りし、贈り続けている「新青い目の人形」は、二八三体になり、毎年、日本各地に届けられている。

兵庫県にも三体が届いた。

一九八八年＝頌栄幼稚園（神戸市）「エスター」

九三年＝武庫川学院幼稚園（西宮市）「エディス」

九七年＝あゆみ幼稚園（姫路市）「キャサリーン」

そして今年、もう一体人形を兵庫県にとの打診を受けた。

◎――武庫川学院からの発信

武庫川女子大学アメリカ分校に付設する日本文化センター館長高岡美知子さんは、赴任した先で答礼人形「ミス徳島」と出合い「人形探しの旅」を開始している。

武庫川学院の国際交流はここから本格化したのかもしれない。多くの足跡として、今も残る。ギューリック三世が日本の「兄弟人形」を望んでいると分かると、「アメリカへ黒い目の人形を贈ろう」と、国内で学院が人形を募った。日本の文具が喜ばれると分かると、学院として応じた。

要請を聴く側だった武庫川中学校、高等学校の元校長、上田武久さんは「どれ程の品を送ったかしれませんが、しかし、それは、高岡先生の熱意、一生懸命さに応えるためでした。彼女がいなければ出来ていない事が山程あります」と、当時を振り返った。

九三年から、同校国際交流室が主催し、夏休みに女子学生親子が創ってアメリカに贈った「新青い目の人形交流」は、二〇〇五年四月現在、日本からアメリカへ一四〇〇体が贈られ、アメリカから日本へは二四〇体の人形が届いた。

そして、学院の活動の要だった「国際交流室」は現在「国際センター」と名称を変えた。これまで続いてきた「新青い目の人形交流」は、数が減り昨年は見送られたが、今年は検討中と聞く。アメリカから日本への人形はもう届いていない。

活動の基金となる募金は、額が減ってきてはいるが続いており、人形師、元賀章介さんが毎年寄贈してアメリカに贈る一体の市松人形と、大阪松屋町で買い求めてアメリカに贈る日本人形は、今も続けられているという。

高岡美知子さんが旅を終え退職した今、国際センターを軸にして、新たな旅をまた学院は始めるのかもしれない。

平和人形物語 紙芝居で学ぶ

天草市 河浦小 園田天光光さん実話基に

日本初《にほんはつ》の女性衆院議員《じょせいしゅういんぎいん》の一人《ひとり》で、天草市河浦町《あまくさしかわうらまち》出身《しゅっしん》の園田直元外相《そのだすなおもとがいしょう》（故人《こじん》）の妻《つま》、園田天光光《そのだてんこうこう》さん（2015年没《ぼつ》）の足跡《そくせき》を紹介《しょうかい》する紙芝居《かみしばい》が17日、河浦町《かわうらまち》の河浦小《かわうらしょう》で上演《じょうえん》され、全校児童《ぜんこうじどう》150人《にん》が見入《みい》った。

紙芝居《かみしばい》を作《つく》った地元《じもと》の「世界平和大使人形《せかいへいわたいしにんぎょう》の会《かい》」が、地域《ちいき》のことを知《し》ってもらおうと実施《じっし》した。

紙芝居《かみしばい》は、天光光《てんこうこう》さんが戦争《せんそう》を体験《たいけん》したことから世界平和《せかいへいわ》を願《ねが》って100カ国《こく》に平和人形《へいわにんぎょう》を贈《おく》り、57カ国《こく》から返礼《へんれい》の人形《にんぎょう》が贈《おく》られてきた実話《じつわ》を基《もと》にした物語《ものがたり》。返礼《へんれい》の人形《にんぎょう》が町《まち》の天草《あまくさ》コレジヨ館《かん》に展示《てんじ》されていることも紹介《しょうかい》された。

6年生《ねんせい》の小田侑大君《おだゆうたくん》が代表《だいひょう》して「戦争《せんそう》はいけないことと思《おも》った。夏休《なつやす》みにコレジヨ館《かん》に見《み》に行《い》きたい」とあいさつした。

会《かい》の櫻田京子副理事長《さくらだきょうこふくりじちょう》（70）は「2年《ねん》がかりで紙芝居《かみしばい》を作《つく》った。平和《へいわ》を願《ねが》う人形《にんぎょう》が、河浦町《かわうらまち》にあることをもっと広《ひろ》めたい」と話《はな》した。（谷川剛《たにがわごう》）

園田天光光さんの紙芝居に見入る河浦小の児童たち＝天草市

園田天光光さんの遺志を継ぎ、平和大使の人形物語を紙芝居にして子どもたちに伝える活動を報じる新聞記事（「熊本日日新聞」2018年7月20日付）

◎——「天草から発信して下さい」園田天光光さんの遺志

二〇一二年、熊本県の「天草コレジヨ館」内に完成した「世界平和大使人形の館」を見届け、一五年、園田天光光さんは永眠している。

「世界の平和は子供から」をキャッチフレーズに、その歳月、人形を通し平和を伝え続けた人の遺志として残る人形を収蔵した同館では、人形を飾るだけでなく「天草から発信して」と語り続けた園田さんの活動に添うため、二〇一六年、NPO法人「世界平和大使人形の会」が認証されると、二年間をかけて紙芝居を制作。小学校や児童館、地元の催しなどを通し園田さんの遺志と、平和大使人形の来歴を語り継ぐ活動を行っている。

◎――ギューリックが起こした〝巡り会い〟

二〇一八年五月一九日、神戸市北区再度山公園内にある「神戸市立外国人墓地」は肌寒かった。市の建設局公園部、森林整備事務所所長、道木柳太さんが繋いでくれた人に出会うため、メリーと一緒にここに来た。

その人は博士のすぐ下の弟、エドワード・L・ギューリック（一八六二〜一九三二）から四代目になるリディア・ギューリックと夫のグレゴリ・ギルバート。

道木所長が二人に送った人形探しの新聞記事とアドレスから、グレゴリ（グレッグ）と、二カ月間ほどメールでやり取りをしてきた。

初メールには「添付されていた新聞記事に驚いたが、とても嬉しかった」と、端正な日本語で書かれてあった。何度かメールを交わす中、彼らが大学で日本語と日本文化を学び、京都に短期留学していたことも分かった。

リディアは大学院生の時、自分のギューリックという名前から、友情の人形に関係があることを初めて知ったという。それらを論文に纏め、五年前からニューヨークの「ジャパン・ソサエティ」（日本協会）にディレクターとして勤務していると伝えてきた。ジャパン・ソサエティの社員と私の考え方は似ると思うとも書いてあった。

来日直前のメールには、ギューリック家の家系図も添付されていた。

二人を、外国人墓地の入り口で待った。

ギューリック博士が眠る小野浜地区は、墓地としては古く、親族が来ることは珍しいと、道木所長は語る。外人墓地にはツアーもあるが、その魅力の一つは、そこに眠る人を感じられる墓碑ではないかとも語った。国や、職業や生き方をイメージできる墓の形は、それぞれにユニークで、眠る人の人生を表現しているという。


リディアとグレッグを含む四人の姿が見えた。

メリーと一緒に出迎えたが、とても自然に出会えたように思う。いつも会っている人のように、メリーがリディアの手に抱かれ、グレッグがそれを受け取った。側にいた人はニューヨークでグレッグの日本語教師をしている荒井佳美さんと日本の友人だと後で紹介された。

所長が運転する車に同乗して向かうこちら側の関係者は、人形の取材を何度か受けてきたNHK神戸放送局の坂井田淳記者と通訳のために次男が同道した。


小野浜地区に降りる石段に立った時、風が山を駆け上ってきた。その向こうに神戸の市街が見えた。

ギューリック博士（一八六〇～一九四五）の墓碑の前に私たちは立った。

墓碑には「宣教師であり、政治家であり、生涯を懸けての日本人の友人であり、教師、説教師、

神戸市立外国人墓地にあるギューリック博士の墓碑の前で。中央にメリーを抱くリディアと筆者、その両隣が道木柳太所長とグレッグ（2018年5月19日）

学者、作家であった」と刻まれてあった。

　平らかな墓碑が隣り合って並ぶ。その一基には、母ルイサー・ルイス（一八三八〜一八九四）と、姉ハリエット・ミッチェル（一八五六〜一九二二）が眠っている。

　向かい合うように二基、祖母のファンニー・ヒンクリー・トマス（一七九八〜一八八三）と義叔母エミリ・テ・ラ・クール（一八三三〜七五）。少し離れて、オラメル・ヒンクリー・ギューリック二世（一八七一〜一九七六）が眠り、石段を挟んだ反対側に祖父ピーター・ジョンソン・ギューリック（一七九七〜一八七七）の墓碑があった。所長の案内で辿る。

　この墓地には、ギューリック一族、七人が眠っていた。

　リディアから六代も前になる最も古いピーターの墓碑は円筒形をしており、その周りを蔦が巻くデザイン。側面に彫られた文字を丹念に指で追っていたリディアが語った。「この人はとても厳しい人でした」と。リディアは、すでに一族について調べてここに来ていた。

　ピーターが来日した当時の日本は、まだ開国したばかりの江戸時代末期。キリスト教禁止令解除が出る一八七三年（明治六年）まで、キリスト教は禁教の宗教だった。

　それを知りながら、ギューリック家で初めて宣教師として一八六二年に来日したピーター夫妻。布教ができない中、写真家として江戸の風物を撮るなどで生計を立てていたが、アメリカンボード（教派を越えた外国伝導組織）初の日本派遣宣教師D・C・グリーンが、任地を神戸に定め、居留地の外国人に礼拝を行い、布教を始めたことから、神戸に移住。生涯を神戸で終えている。

その息子オラメルが来日したのは、一八三〇年。日本初の殉教者とされる市川栄之助に、日本語を神戸で習っていた。

この他にも、ギューリック家は父ルーサー、叔父ジョン、叔母ジュリア、次男リーズも、かつて日本で伝道に従事している。

リディアと、もう一度博士の墓の前で祈り、墓地を離れた。

私たちは、管理事務所で向き合った。

リディアは語る。

「当時の日本は、生きていくのは大変だったかもしれないけれど、それでも日本人は優しく、住みやすく魅力的な国だったのではないか。だから、すでに一八二〇年には日本で布教する資金をアメリカは集めていた」と。

そして、自身のことも語った。

何故かは分からないが、子どものころから日本に興味があり、しかもそれは、明治時代や、伝統的な日本の文化、芸術、古いものに〝ときめく〟のだと。

大学で日本語を学び、四カ月ほど留学。本も読んだらしいが、日本はリアルではなかったとも話す。

「アメリカ人や、外国から日本に来た人が、どのように暮らしていたか、神戸の異人館にも行ったが、その人たちの日本の生活についてもっと知りたい。その歴史資料を探したい」と、考え考え話した。

その資料は、私が探してみようと伝えた。

リディアはこうも言った。

「もちろん、私は私の親族に興味があった。でも、他の人が、私の親族に興味がある事にとても驚いた」と。

私は「ギューリック博士は、日本では有名な人です」と答えた。

九一年前、日本に来た人形の使命を知る人たちにとってはと、伝えたかったが、言いそびれた。

「ギューリックの遺産、誇りが、今も（日本に）残って、続いていてとても嬉しかった」

リディアが話す言葉に、メールで繋がって以来ずっと思っていたことを彼女に伝えたいと思った。

「リディアがジャパン・ソサエティにいることを知って驚いたし、とてもうれしかった。リディアは今、博士と同じ仕事をしていると思う」と。

そしていつか、交換された日米の人形たちのことをアメリカに伝えるチャンスがあれば、手伝って欲しいと話した。

「ミッション」

リディアは言った。そして私たちは握手を交わした。

あの日、一族の墓碑を巡りながら、リディアと繋いでくれた道木所長に感謝を伝えた時だった。日本語教師の荒井さんが「こんな出会いがあるなんて、ニューヨークで記事を見せてもらった時は感動で泣いてしまった。ギューリックさんの魂が呼んだのかと…」と言い、私が「シンクロしてる」と応じた時、リディアは、ちょっと考えて「これは、ギューリックの精神が起こしたこと」と、答えた。

帰国後、リディアはギューリック家に関する本をまた集めていると、夫のグレッグからメールが入った。送るとも書いてあった。

数日後、ジャパン・ソサエティのバッジ、パンフと共にギューリック博士と一族に関する二冊の本が届いた。

全てが英語の本をめくりながら、リディアが知らず、知らず日本の古いものに魅かれ、直系ではないのにギューリック家の論文を書くに至った〝ときめき〟を私は考えていた。そして、彼女は今、ジャパン・ソサエティにいる。

九一年前、日米の「友情と平和」のために、生涯を捧げると決めた博士は、その精神と共に再度山に眠っている。

「博士の精神が起こしたこと」

リディアが語った通り、博士の墓所での出会いは、時を違わない〝巡り会い〟ではないかと思えた。

無意識であれ、互いの中で選択し、求め、行動してきた中から起きたこの流れがどう展開していくるか、二年後、リディアとグレッグは再び日本にやって来る。

「ミッション」

リディアの声がよみがえる。

明日は、もう始まっていた。

日米友情人形交流年表

年号	「人形交流」に関する出来事（＊は国内外の出来事）
１８６８年（明治元）	＊日本からハワイへ初めて移民。
１８７９年（明治12）	＊アメリカ・カリフォルニア州で「中国人排斥法」可決。
１８８５年（明治18）	＊アメリカの太平洋岸開発に伴い、日本人が本格的に移民。
１８８８年（明治21）	シドニー・ルイス・ギューリック（１８６０〜１９４５）宣教師として来日。熊本、大阪（梅花女学校）、松山で伝道したのち、京都同志社で神学、進化論などを教える。
１９０１年（明治34）	＊カリフォルニア州で日系移民の排斥運動起きる。
１９０５年（明治38）	渋沢栄一、日米民間経済外交を始める。
１９０９年（明治42）	渋沢、古稀となり実業界を引退。
１９１１年（明治44）	ギューリックと渋沢出会う。以降、日米関係改善のため協調。
１９１２年（明治45）	＊明治天皇没。元号、大正となる。
１９１３年（大正２）	ギューリック、病気治療のため帰国。そのままアメリカに留まる。カリフォルニア州で「外国人土地所有禁止法」可決。
１９２１年（大正10）	童謡「青い目をした人形」を野口雨情が発表。その後、本居長世が作曲し、大流行する。
１９２３年（大正12）	＊関東大震災。
１９２４年（大正13）	＊アメリカで「排日移民法」成立。
１９２６年（大正15）	ギューリック「世界児童親善会」設立。児童間に相互理解と世界平和の心を育てる「友情人形計画」の援助を渋沢栄一に求める。12月、人形を乗せた第一便がニューヨーク港を出発。＊大正天皇没。元号、昭和となる。

1927年（昭和2）

1月、友情人形を乗せたサイベリア号が横浜港に入港。神戸港には3月1日到着。以降11隻に分け横浜と神戸に届く。

2月19日、渋沢栄一「日本国際児童親善会」設立。会長となる。東京市内の各デパートで展覧会開催。

3月3日、東京日本青年館で「友情人形歓迎会」が盛大に行われる。県内でも3日、県立神戸第一高等女学校で歓迎式典。知事、市長、アメリカ領事、神戸市内の学校から代表生徒等が参加。6日から4日間、三越分店で一般公開の後、各地の幼稚園、小学校などに配布。

＊3月、金融恐慌始まる。

5月、「日本国際児童親善会」は、答礼として日本人形をアメリカに贈る計画を決定。資金は人形を受け取った学校の児童から一銭ずつ集めることに。甲南幼稚園で見つかった記録文書に、答礼人形を贈る基金一銭を児童に持たせるよう小学校の父兄に連絡した文面が残る。

＊5月、リンドバーグ、大西洋無着陸横断飛行に成功。

9月中旬、東京雛人形卸商組合、大木人形舗（京都）に発注していた答礼人形が完成。

11月4日、各県と大都市で各々送別会を終えた答礼人形58体を日本青年館に並べ、盛大な送別会を開催。10日、答礼人形を乗せた天洋丸が横浜港を出港。19日、ハワイに寄港。邦人が大歓迎。25日、サンフランシスコ港到着。27日、同市の金門学園で歓迎式が行われ多くの邦人が詰めかけた。

12月6日、陸路を行く答礼人形17体は各地で大歓迎を受けながらニューヨークへ。船便で運ばれた41体と現地で合流。

1928年（昭和3）

2月、答礼人形は世界児童親善会に渡り、以降、幾つかのグループに分けられ、全米を巡回。その後、各州の博物館や子ども図書館などに送られた。「ミス神戸」はアーサー・ラーネット氏に。「ミス兵庫」はミズーリ州・セントジョセフ博物館に収蔵。

1931年（昭和6）	渋沢栄一没。91歳。 ＊満州事変起こる。
1934年（昭和9）	ギューリック引退。ハワイに住む。 ＊東北地方大凶作。
1936年（昭和11）	＊2・26事件。日独防共協定成立。
1937年（昭和12）	＊盧溝橋事件が起こり、日中戦争に発展。
1941年（昭和16）	＊日本軍の真珠湾攻撃によって日米開戦。太平洋戦争勃発。
1942年（昭和17）	ノースカロライナ州立自然博物館に贈られた答礼人形「ミス香川」は、館長のメッセージと共に戦時中も展示された。 ＊在米日系人、大統領令により44年まで強制収容。
1943年（昭和18）	毎日新聞（大阪）に「叩き壊せ、青い目の人形」の記事。この時期、多くの人形は「敵国人形」として全国的に焼却、廃棄などの処分が行われた。校庭にアメリカ、イギリス関係の雑誌や絵、レコードや写真などを供出させ焼却する事もあった。 ＊学徒動員令
1945年（昭和20）	＊3月17日、6月5日神戸大空襲。8月6日広島、9日長崎に原子爆弾投下。日本敗戦。 神戸、姫路、明石など、空襲により多くの人形や資料も焼失。 12月、ギューリック、終戦を見届けアイダホ州の長女の元で没。86歳。
1965年（昭和40）	＊アメリカ「排日土地法」廃止。
1973年（昭和48）	ドキュメント「人形使節メリー」をNHKテレビで放映。全国に波及。県内では、朝来町の山口幼稚園の「メリー」、高砂市立高砂幼稚園の「ヘレン」と「エリカ」、友情人形と判明。東京の「池袋児童の村小学校」（野口援太郎校長）に贈られた「マダリン・エリザベス」は、神戸大学教育学部に大西一正が事務長として在職した71〜73年の間に義父の遺品として寄贈したと思われる。

1974年（昭和49）	「ミス広島」、メリーランド州から初の里帰り。
1978年（昭和53）	新宿三越で「青い目の人形50周年記念展示会」開催。28体が参加。 ＊日中平和友好条約調印。
1979年（昭和54）	群馬県内の「青い目の人形」8体、ニューヨーク州ロチェスター市へ里帰り。 ＊第二次オイルショック。
1983年（昭和58）	「日米友情交換人形再会式」を日本青年館で開催。池袋西武で109体を展示。
1986年（昭和61）	「横浜人形の家」がオープン。ギューリック三世夫妻、招かれ初来日。
1987年（昭和62）	ギューリック三世、祖父に倣い「新青い目の人形」10体を日本の学校に贈る。以後毎年、数体ずつ寄贈を続けている。県内では頌栄幼稚園に「エスター」（1988年）、武庫川学院幼稚園に「エディス」（93年）、あゆみ幼稚園（97年）に「キャサリーン」が贈られる。
1988年（昭和63）	「お帰りなさい答礼人形―青い目の人形展」そごう美術館が全国10カ所で開催。
1989年（平成1）	「青い目の人形」92体がアメリカへ帰り、ワシントン、サンフランシスコなどで「里帰り展」開く。 ＊昭和天皇没。元号、平成となる。
1992年（平成4）	武庫川女子大学アメリカ分校（ワシントン州）の日本文化センター館長・高岡美知子が、スポケーン市の博物館で答礼人形「ミス徳島」と出合い、全米に「答礼人形探しの旅」を開始。 ＊毛利衛が「スペースシャトルエンデバー」で宇宙に出発。
1995年（平成7）	12月「ミス兵庫里帰り実行委員会」（委員長：日下晃武庫川学院長）が発足。 ＊1月17日、阪神・淡路大震災。

1996年（平成8）	＊「原爆ドーム」、世界遺産登録。
1997年（平成9）	答礼人形「ミス兵庫」70年ぶりに里帰り。㈱吉徳による修復を終えて、大丸神戸店、県立子どもの館などで展示。県民の大歓迎を受ける。里帰り報道により、市立赤穂幼稚園から「ローズマリー」、姫路市のベイカ保育園からも同名の「ローズマリー」が友情人形と確認される。
1997年（平成9）	高砂市立高砂幼稚園で「青い目の人形の古稀を祝うひな祭り会」開催。人形を駅に迎えた当時の園長、園児らが招かれた。
1998年（平成10）	＊神戸連続児童殺傷事件 旧菊水幼稚園（神戸市）を閉園し、三木市に移った個人所蔵の人形「エレナ」、保存を願い「横浜人形の家」に寄贈。
2002年（平成14）	アメリカ、ロサンゼルスにある「全米日系人博物館」で、移民百年の企画展「友情へのパスポート＝親善人形75年目の再会展」開催。高砂幼稚園の「ヘレン」と「エリカ」、ベイカ保育園の「ローズマリー」など、国内から7体が参加。答礼人形は「ミス大日本」、「ミス香川」など6体が並んだ。 ＊北朝鮮に拉致されていた5人が帰国。
2003年（平成15）	戯曲「フレンドシップパスポート・友情は時代と海を越えて」（作：西村恭子）を加古川市、高砂市、朝来市、広島県三次市で上演。朝来市での上演前日、高砂市の個人所蔵の人形「メリー」発見、播磨町の人形と判明。 ＊宮崎駿監督「千と千尋の神隠し」が第75回アカデミー賞長編アニメ映画賞受賞。
2004年（平成16）	高岡美知子、答礼人形44体をアメリカ国内で確認。「人形探しの旅」を終え『人形大使もうひとつの日米現代史』（日経ＢＰ）出版。 ＊アテネオリンピック開催。

2006年（平成18）	播磨町の「メリー」、79年ぶりにアメリカへ里帰り。「サンフランシスコ桜まつり」に参加。関係者と共にカブキシアターの舞台で語る。
2008年（平成20）	姫路市書写の里・美術工芸館で「世界平和大使人形展」開催。 ＊ノーベル賞、日本人4人受賞。
2011年（平成23）	津波に流された陸前高田市の気仙小学校の金庫から人形「スマダニエル・ヘンドレン」を発見。 「メリー」、播磨町より「平和大使」に任命。「特別住民票」も交付。 ＊東日本大震災。
2015年（平成27）	「青い目の人形メリー・再会の旅」をラジオ関西で制作、放送。井植文化賞（報道出版）受賞。取材過程で甲南幼稚園でもう1体の友情人形を発見。ギューリック三世により「キャシー」と命名。
2016年（平成28）	5月26日「青い目の人形・89年目の同窓会」を甲南幼稚園で開催。8体の人形が参加。氏名不詳の親和女子高等学校の人形にギューリック三世が「シャノン」と命名。 ＊同日、オバマアメリカ大統領、広島県の「原爆記念館」訪問。 阿蘇の音楽ユニット「ビエント」、播磨町のメリーと出合い「人形の旅」を作曲、CD「断崖の翼」に収録。 ＊熊本地震
2018年（平成30）	ギューリックの子孫リディア・ギューリック夫妻が墓参のため神戸市立外国人墓地を訪問。メリーが出迎える。ギューリックとその一族の活動を伝える写真、関係資料、論文など届く。新たな交流始まる。

◎参考資料

『お人形の日記』関谷龍吉　日本国際児童親善会
『信濃教育　1380号』信濃教育会
『信濃教育　1392号』信濃教育会
『青い目の人形とともに』神橋綾子
『埼玉の先人　渋沢栄一』韮塚一三郎　金子吉衛
『埼玉の三偉人』堺正一　さわらび舎
『青い目の人形にはじまる人形交流』横浜人形の家
『見つかった日本人形「富士山三保子」』天野進吾
『青い目の人形』武田英子編著　山口出版
『人形たちの懸け橋』武田英子　小学館文庫
『お帰りなさい　ミス香川』同展実行委員会
『青い目の人形と長崎瓊子展』同展実行委員会
『お帰りなさい「長崎瓊子」』「ミス長崎」里帰り実行委員会
『人形大使─もうひとつの日米交流史』高岡美知子　日経ＢＰ社
戯曲「フレンドシップ・パスポート」西村恭子
ラジオ関西「青い目の人形メリー・再会の旅」放送原稿　西村恭子

◎資料提供

日本基督教団付属千鳥幼稚園
高砂市立高砂子ども園
朝来市立山口こども園

赤穂市立赤穂幼稚園
私立親和学園女子高等学校
神戸大学大学院人間発達環境学研究科
朝来市立生野小学校成徳会
神戸市立こうべ小学校
神戸市立神戸中央小学校
神戸市立明親小学校
播磨町立播磨小学校
高岡美知子
山口日那子
中西よし子
上田武久
清水公子
他多数

謝辞

この本の出版にあたり、貴重な資料等を寄贈あるいは提供、ご尽力頂いた多くの機関、関係者、個人の皆様、有難うございました。個々のお名前を挙げることは記載漏れを恐れ控えさせて頂くことに致しましたが、ご協力に対し深く感謝申し上げます。

あとがき

遡れば三十年ほど前になります。取材で訪れた高砂幼稚園で、雛壇の下にチョコンと座る二体の西洋人形が見えました。「友情の人形」だと当時の園長から説明を受けながら、別の取材に気を取られ、何の興味も湧かないまま通り過ぎていました。

その私が、このような本を書くことになるとは夢にも思ったことがありません。

「出合いに偶然はなく、一分一秒の狂いもなくその人（もの）と出会う」と、教えてくれたのは小学校一年の時の担任でした。

その必然の出合いは、日常の中に訪れていました。長年の友が同園の園長として赴任。彼女は園にある人形「ヘレン」、「エリカ」を度々表に出す行事をやり、出掛けて行くごとに、人形の背景と、そこに動く人々が感じられました。特に人形に込められた願い、使命は、今の世界に通じると思いました。

やがて、資料が私のまわりに揃ったと思えた時、戯曲を書く展開が来ていました。初戯曲は、長台詞に生演奏と、恐れを知らない上演でしたが、演じ切ってくれた多くの俳優たちと、上演後「人形の事が良く分かった」と、語ってくれた若者に励まされ、続けることが出来ました。その過程で発見した播磨町の人形「メリー」とは、その後、予想を超えた活動に繋がり、今でも信じられない事です。

ただの傍聴人でしかなかった者が、いつの間にか表舞台に立った、そんな落ち着かない気持ちを抱きつつも、ある時から次第に思うことが湧いていました。

それは、県内の「友情人形」の足跡を記す資料が殆ど無く、このまま時が過ぎれば、百年近い昔、「平和と友情」を願い動いた人々と、二つの国で贈り合った人形の「使命」が埋没し、分からなくなり、やがて消えてしまうということでした。

二〇一五年、本に纏めようと考えていた矢先、ラジオ関西で番組を制作、放送する話が決まり、早朝の番組でしたが、好評裏に終えました。その取材過程で行った事は、人形の所在、資料や出来事の確認でしたが、大方の幼稚園、保育園は人形の事を十分理解しないまま、年月を重ねて来た感が残りました。やはり本を創ろう、本にしておかなければ、そう強く思いました。

書き終えて今思うのは、この本は貴重な資料と取材で、出来る限り事実を正確に書こうとしたことです。多くの人形に関わる方々にお助け頂きました。深く感謝致します。

全国には沢山の人形に関する本が出ていますが、県内を中心に据えたこの本の戦時中の出来事は、かつて日本全国に起きていた事と思って書き進めました。その中で、県内の人々に守られ九一年間を永らえた人形たちと出来事を、資料集ではなく物語ってみようと考えました。

アメリカの日常にあった小さな人形が、日本に来て幸せであったかと思う時、現在、二つの国に残る人形たちが、その使命を繋ぐ人々と共に、これからも長く大切に受け継がれていくことを願います。

西村恭子

二〇一八年九月吉日

西村恭子　（にしむら きょうこ）
1944年兵庫県生まれ。放送局、編集記者などを経てフリーに。神戸新聞読者文芸欄選者（14年間）を経て、児童文学講座講師。こうべ市民文芸選者。（公財）姫路市文化国際交流財団発行「BanCul」編集委員。日本ペンクラブ会員。半どんの会文化賞。姫路文化賞。2015年ラジオ関西「青い目の人形メリー、再会の旅」の制作、放送により第39回井植文化賞（報道出版部門）。
主な著作として児童文学『しあわせ畑のクローバー』『霧の協奏曲』『ブルータートル』（以上PHP出版）など。戯曲『フレンドシップ・パスポート～友情は時代と海を越えて』、写真絵本『空をとんだけやきの木』、一般書『水のことのは』（幻冬舎）。随筆『風魂・パンの笛に魅せられて』（藤原書店）岩田英憲と共著など。

青《あお》い目《め》の人形《にんぎょう》 メリーの旅《たび》

2018年11月5日　初版第1刷発行

著　者――西村恭子
発行者――吉村一男
発行所――神戸新聞総合出版センター
〒650-0044　神戸市中央区東川崎町1-5-7
TEL 078-362-7140 ／ FAX 078-361-7552
http://kobe-yomitai.jp/
編集／のじぎく文庫
印刷／神戸新聞総合印刷

落丁・乱丁本はお取替えいたします

ISBN978-4-343-01016-2　C0095